FAMÍLIA   VIAGEM   GASTRONOMIA   MÚSICA   **CRIATIVIDADE**
& OUTRAS LOUCURAS

© 2018 Tito Gusmão

Uma mensagem assustadora dos nossos advogados para você:

Nenhuma parte desta publicação pode ser reproduzida, armazenada ou transmitida, sem a permissão do editor.

Se você fez alguma dessas coisas terríveis e pensou "tudo bem, não vai acontecer nada", nossos advogados entrarão em contato para informá-lo sobre o próximo passo. Temos certeza de que você não vai querer saber qual é.

Este livro é o resultado de um trabalho feito com muito amor, diversão e gente finice pelas seguintes pessoas:

Gustavo Guertler (edição), Fernanda Fedrizzi (coordenação editorial), Germano Weirich (revisão), Celso Orlandin Jr. (projeto gráfico) e Equipe Warren (capa)

Obrigado, amigos.

2018
Todos os direitos desta edição reservados à
Editora Belas Letras Ltda.
Rua Coronel Camisão, 167
CEP 95020-420 – Caxias do Sul – RS
www.belasletras.com.br

Dados Internacionais de Catalogação na Fonte (CIP)
Biblioteca Pública Municipal Dr. Demetrio Niederauer
Caxias do Sul, RS

G967	Gusmão, Tito
	Papo de grana: faça o dinheiro trabalhar por você. Tito Gusmão. - Caxias do Sul, RS: Belas Letras, 2018.
	184 p.
	ISBN: 978-85-8174-459-9
	1. Finanças Pessoais. 2. Negócios - Criatividade. I. Título.
18/89	CDU 366.2

Catalogação elaborada por
Rose Elga Beber CRB-10/1369

Tito Gusmão

papo de grana

Faça o dinheiro trabalhar para você.

sumário

1. Por que estou aqui 7

2. Esse negócio chamado dinheiro 15

3. Como funciona a economia 23

4. Organizando a cozinha (finanças pessoais) 33

5. Potes, crianças e envelopes 53

6. Unindo as escovas e as contas 61

7. Chegou a hora de investir bem 65

8. Um exército de juros 75

9. Investindo por caixinhas (objetivos) 87

10. Tempo, valor, portfólio 97

11. Um macaco é mais arrojado do que você 105

12. Como funciona o mercado financeiro 111

13. Onde não investir (fugindo das roubadas) 121

14. Bichos estranhos: Selic, Inflação e os impostos 131

15. Onde investir 141

16. Os cinco passos práticos para investir bem 165

17. Pare de perder tempo 175

1.

Por que estou aqui

Quando eu era criança, tinha um colega que era meu ídolo. Ele tinha o próprio cartão de banco do qual sacava a mesada. Aquilo era o máximo. No auge dos seus 8 anos (ele era alguns meses mais velho do que eu, o que o tornava ainda mais "adulto"), ele entrava na agência do banco e, com toda a pose, resgatava a grana que, como mágica, caía rotineiramente dentro daquele cartão.

Era infinito, bastava esperar alguns dias e surgia mais dinheiro a ser resgatado e gasto com as melhores coisas que uma criança pode querer: chocolates e figurinhas de jogador de futebol. Sim, estou na casa dos 40 e, na época, completar um álbum do campeonato brasileiro era o máximo.

Óbvio que meu colega ídolo sempre conseguia o feito. Um dia perguntei pro meu pai por que eu não tinha um cartão que se enchia de dinheiro automaticamente, e ele, como sempre, foi direto: "Dinheiro não surge do nada. Você quer? Vai ter que conquistar." Por isso eu nunca ganhei mesada. Se eu quisesse R$ 1 (que na época eram cruzados, cruzeiros, cruzeiros reais ou algo do tipo) eu precisava trabalhar. Cortar a grama, lavar a louça ou o carro do vizinho.

Isso fez com que eu criasse uma relação de respeito com o dinheiro. Eu sabia que para cada R$ 1 conquistado tinham sido necessários X pratos lavados ou Y tempo gasto cortando a grama. Daí na hora de comprar um pacotinho de figurinhas de jogador eu imediatamente calculava o esforço que eu tinha gasto e se valia mesmo a pena trocar esse esforço por um pacote com a foto do Falcão, do Careca e do Sócrates.

Não é à toa que eu nunca completei um álbum. Eu gostava de futebol, sim, mas existiam coisas mais interessantes a serem conquistadas e, com recursos escassos, era preciso priorizar. Para me vingar, ou como uma recompensa talvez, tempos atrás fui em uma banca, comprei um álbum (fiquei surpreso que ainda existe) e cometi uma extravagância. Comprei todos os pacotes de figurinhas que a banca tinha. Isso nem aquele meu amigo ídolo do cartão de banco conseguia. Foi o meu momento de ser ídolo de mim mesmo. Só que, para o meu desespero, veio um monte de figurinhas repetidas e eu não consegui completar a porcaria do álbum novamente.

É, nem uma boa quantia em dinheiro resolve todas as missões.

Minha mãe também era a ninja do planejamento. Lembro de sempre ir com ela em dois ou três supermercados diferentes para fazer o rancho mensal. Era época de hiperinflação, então as diferenças de preços entre os produtos às vezes eram enormes. Se você chegasse logo antes da maquininha remarcar o preço, conseguiria pagar 10% a menos em uma garrafa de Coca-Cola.

Mesmo que as diferenças de preços há 25 anos fossem muito maiores do que hoje, e que eu tenha alcançado um patrimônio legal, eu sigo com a mesma rotina de comparar preços. Se o quilo do tomate está R$ 6, quando o normal seria ao redor de R$ 3, eu simplesmente não compro. Mesmo eu sendo viciado em tomate vou esperar uma nova leva, com preços mais justos.

Lidar bem com o dinheiro é comprar o que você precisa e também o que te faz feliz. Não quero ser o mentor dos mãos-de-vaca, mas lidar bem com o dinheiro é também saber pagar o valor justo e fazer sacrifícios.

Essa relação de respeito que eu criei desde cedo com o dinheiro ajudou também a construir a minha trajetória profissional e explica o porquê deste livro. Como meus pais pagavam mal pra lavar a louça, a grama não crescia rápido pra ser cortada duas vezes na semana e o vizinho só pedia uma lavagem do carro por mês, eu precisava achar outras formas de aumentar a minha renda. A saída foi começar a vender coisas na escola. Começava aí minha primeira tentativa como empreendedor e isso nunca mais parou.

Fui empreendendo e acertando a mão. Conforme mais acertava, mais dinheiro acumulava, e surgiu a segunda etapa, a de investir bem a grana acumulada. Virei o maior estudioso do assunto e com o tempo acabei me tornando também o guru de investimentos da família e amigos. Eu, que nunca acreditei em faculdade, fui fazer Economia só porque estava adorando esse negócio de investimentos.

Minha outra paixão é música. Gosto de enganar no violão e no piano, mas amo mesmo é tocar bateria. No final do ensaio de uma banda que eu tinha, lá estava eu falando sobre investimentos para o guitarrista, e ele disse que tinha conhecido uma empresa que fazia cursos sobre investimentos em Porto Alegre. Por curiosidade, fui bater um papo com o pessoal dessa empresa, que era ainda pequena e se chamava XP Investimentos Agentes Autônomos. Não era para ser uma entrevista de emprego, eu só queria descobrir o que estavam fazendo, e por isso fui sem currículo, de calça jeans e camiseta. Só que de repente me vi em uma sala recebendo uma rajada de perguntas dos dois fundadores. Acho que fui bem, pois ainda no elevador do prédio, quando eu estava indo embora, recebi a ligação de um dos fundadores me oferecendo trabalho. Ainda tonto de tantas perguntas, aceitei.

Dentre tantas perguntas que me fizeram em quase uma hora de papo/entrevista, lembro especificamente daquela tradicional de qualquer entrevista: "Onde você se imagina em cinco ou dez anos?". Minha resposta foi: "Ou ajudando vocês ou fazendo algo maior do que vocês estão fazendo."

Provavelmente essa resposta tenha engatilhado a vontade imediata em me chamar para o barco, e nele eu estive por quase 10 anos, onde aprendi, virei sócio e ajudei essa empresa pequena a virar a maior corretora do país. O tempo passou e eu precisava mudar. A empresa já não me encantava mais, mas eu empurrava com a barriga a decisão de sair. Então surgiu a oportunidade de ir para o escritório da empresa em Nova York. Eu fui e foi lá que descobri um mundo novo de empresas focadas em resolver problemas do mundo do dinheiro, do crédito ao investimento, usando muita tecnologia e criando relações honestas e transparentes com os clientes.

Eu precisava participar daquilo. Eu precisava construir uma experiência de investimentos muito melhor do que a que existia na empresa em que eu estava. Eu precisava empreender novamente, construir do zero uma empresa que tivesse a minha crença e os meus valores. Então, caí fora da tal maior corretora do país para construir a Warren. Uma plataforma para ajudar as pessoas a investir bem, de forma fácil. Uma plataforma para resolver toda a complexidade que existe no mundo de investimentos através de uma experiência agradável de investir e acabar com o conflito de interesses e a falta de transparência, mudando o modelo de remuneração para um formato honesto e correto.

A Warren (warrenbrasil.com) existe para ajudar as pessoas a investir bem, mas este não é um livro para falar de empreendedorismo e de como estamos construindo a Warren neste mundo cada vez mais rápido de novas tecnologias e novos consumidores. Prometo que não vou ficar fazendo muito jabá da Warren por aqui (só raramente), mas eu precisava contar a história para, inclusive, explicar o porquê deste livro.

Nossa missão na Warren é construir uma nova geração de bons investidores. Uma geração de todas as idades. Queremos tirar as pessoas dos produtos ruins de bancos e corretoras e fazemos isso entregando uma experiência fácil e que está 100% do lado do usuário. Mas a missão de criar essa geração de bons investidores vai além de uma plataforma de investimentos. Nós queremos ajudar as pessoas também na etapa anterior à de investir e, por isso, criamos em 2017 um tour de eventos presenciais que rodou o país, o Papo de Grana. Deu tão certo, com eventos lotados, que criamos também uma versão on-line cujo professor foi o incrível Marcos Piangers, e depois criamos um portal, o papodegrana.com.

Faltava um livro. Não falta mais. Este livro é para tentar ajudar as pessoas a ter uma melhor relação com o dinheiro. A educação financeira pode fazer uma diferença gigante para o nosso país. Acredito demais nisso. Inclusive, parte da renda deste livro é doada para projetos de educação financeira.

O livro condensa minha bagagem pessoal, profissional e o que vi por todos os cursos e palestras sobre investimentos que já ministrei, e os muitos Papos de Grana que foram realizados nas principais cidades do país para mais de 2 mil pessoas. É um livro pra falar de dinheiro, mas não porque dinheiro tem que ser a coisa mais importante do mundo, justamente o contrário. É porque dinheiro é a última coisa com que você deveria se preocupar.

Dinheiro não é o fim. Ele realmente não traz felicidade, mas ele pavimenta o caminho para ela ao nos proporcionar segurança, tranquilidade e nos dar o poder de conquistar coisas que desejamos. Liberdade, conhecer o mundo, uma casa, boa base para os filhos, uma bicicleta, montar um café, ter mais tempo. Se você não veio desde pequeno com a cultura de lidar bem com o dinheiro e esse papo sempre foi meio tabu ou chato demais pra discutir, não se preocupe. Não é como construir um foguete pra Marte. Cuidar bem do dinheiro pode ser fácil e virar um exercício interessante, que engaja a família e que vai te trazer muitos benefícios.

Vou falar de finanças pessoais e investimentos. De como ter uma relação saudável com suas finanças, como funciona a engrenagem do mundo dos investimentos e como ela pode ser fantástica pra você e pra toda a sociedade.

Como fazer as contas fecharem, como reservar seu "dízimo mensal", como traçar os objetivos de investimento mais importantes, escolhendo os produtos bons e fugindo dos que não são tão bons assim.

É uma caminhada, que na maior parte do tempo será leve, mas em alguns outros momentos terá subidas mais pesadas. Respira fundo e vem comigo nessa, que será muito bom.

2.

Esse negócio chamado dinheiro

Todos os dias, lidamos infinitas vezes com dinheiro. Ao comprar o primeiro café rumo ao trabalho, ao pagar o transporte ou o estacionamento, ao organizar as contas, o almoço, planejando a compra de um sofá novo, a viagem no fim de semana, o cinema à noite, os investimentos ou o primo que está precisando de uma ajuda para pagar o cursinho pré-vestibular.

O dinheiro pode fazer a gente perder o sono com aquela dívida enorme no cartão de crédito, ou pode fazer a gente pular de euforia com a bela remuneração de um projeto bem-feito, o décimo terceiro que chega no momento certo ou o bônus gordinho no final do ano. Tem gente que fica com medo de ganhar mais, de ser bem-sucedido e parecer egoísta (afinal, você conquistou tanto, mas tem gente com pouco). Para essas pessoas, preciso contar uma novidade: não é ruim ter dinheiro. Ser bem-sucedido não é e não pode ser errado, ganhar bem não pode ser errado, ter um bom patrimônio não pode ser errado. Negociar o próprio talento, saber cobrar e ter lucro (de forma justa) são questões obrigatórias e permitirão que você usufrua as coisas boas de curto prazo que o dinheiro pode dar, construa uma reserva para o seu futuro e tenha mais oportunidade para ajudar outras pessoas. Com sua vida financeira bem resolvida, você tem mais poder e tudo fica mais fácil.

Algumas pessoas se sabotam quando melhoram de renda justamente por sentirem culpa ou por algum outro trauma relacionado a dinheiro. E outras pessoas (aquelas que eu tenho vontade de mandar à merda) sabotam as outras, criticando quem teve sucesso. "É bem-sucedida porque é bonita". "Ficou rico porque teve sorte". Se você pensa assim, por favor, dê este livro para outra pessoa. Será mais útil pra ela, pois quem tem esse pensamento normalmente não sai do lugar. Está sempre culpando o seu insucesso porque a grama é verde demais ou porque o céu é azul.

Buscar alívio no dinheiro também não dá, não! Tipo, ficou indignado, vai comprar algo pra desestressar. Terminou relacionamento, vai pro shopping. Alivie o estresse ou mude os pensamentos com uma corrida, meditação ou enfiando a porrada em um saco de boxe. Vai ser mais efetivo e mais barato. Por fim, não seja tímido ao lidar com o dinheiro, não só para vender melhor, mas também para comprar melhor. Em resumo: peça desconto em tudo! Nos sistemas das lojas, o vendedor tem a habilidade de colocar o desconto. O sistema foi feito para que você desse uma choradinha. Então cumpra o seu papel! Quando romper a barreira da vergonha, você vai passar a pedir desconto até pro vendedor de pipoca.

O dinheiro, quando bem-cuidado, pode trazer liberdade. Liberdade de ser ou fazer o que quiser. Não me entenda mal quando falo "liberdade". Não quero dizer que somos prisioneiros até conseguirmos juntar uma boa quantia de grana. Mas de fato, ter R$ 1 milhão na conta te dá o direito de, com o pedido de perdão pelo palavrão, tocar o f*da-se.

Ter R$ 1 milhão te dá o poder de fazer o que quiser, seja ter mais tempo para a sua família ou se dedicar exclusivamente aos projetos que você ama. Claro que depende do padrão de gastos de cada um (e vou falar mais disso à frente), mas entenda o R$ 1 milhão como o passo importante e absoluto ao direito do f*da-se.

Você não gosta mais do trabalho em que está? Caia fora e vá trabalhar com o que gosta. Você quer ir para a praia e viver das coisas que a natureza dá, como aquela menina do YouTube? Vá pra praia e vá vender miçangas. Não tem problema se não vender uma sequer, pois você já construiu seu patrimônio. Quer ser um pintor, mas pinta quadros horríveis? Vá ser feliz.

Conquistar essa liberdade, a financeira, deveria ser a meta de todos e ser matéria ensinada nas escolas. Não que eu não ache geografia importante, claro que é, mas que diferença gigante faria se encontrássemos uma brecha entre as aulas sobre planície e planalto para encaixar o tema finanças pessoais e investimentos.

Só que falar de dinheiro é tabu, é complicado, não é cool. E, para completar, nossa relação com o dinheiro é muito mais emocional do que racional. É muito mais legal fazer o unboxing de um iPhone agora do que organizar suas finanças e ter um planejamento de 20 anos. "20 anos? Não sei nem o que vou fazer no mês que vem!".

É, eu sei que é muito melhor a satisfação do curto prazo, mas confia em mim, tão importante quanto ser feliz com o último modelo do iPhone é ter um bom plano de longo prazo para o seu dinheiro. Para chegar nisso você precisará cuidar bem do seu dinheiro e isso significa organizar as suas finanças e investir bem (os temas dos vários capítulos a seguir).

De onde surgiu

Mas de onde surgiu esse negócio que nos tira o sono muitas vezes? Imagine que você era um pescador há 5 mil anos. Você era habilidoso, o que resultava em pescarias sempre produtivas. Só que você, eventualmente, cansava de almoçar somente peixe.

Para variar o cardápio, você juntava uns peixes extras, botava na mochila e trocava por carne vermelha. Se quisesse arroz para acompanhar, fazia outra troca. Quem sabe uma salada? Mais peixes na mochila. Enfim, o trabalho era pescar, carregar os peixes de um lado para o outro e determinar um valor de troca entre os produtos.

Não só era assim que se transacionavam mercadorias, mas também, obviamente, como se media a riqueza. Conta a história que Jó, por exemplo, "possuía sete mil ovelhas, três mil camelos, quinhentas juntas de bois e quinhentas jumentas. Sendo ele o maior de todos do Oriente". Se existisse uma lista da Forbes de mais ricos do mundo, Jó estaria no topo, desbancando o Bill Gates.

Impostos? Naquela época existiam e também eram pagos com mercadorias. Lembra aquela mochila cheia de peixes? Pois é, você já estava de mau humor por ter que pagar impostos e, para piorar, teria o trabalhão de encher a mochila e transportar até o fisco. Mas aí alguém pensou em facilitar as coisas, usando um mesmo produto para servir de base nas transações. O primeiro a ser usado foi o boi, pois era fácil (há controvérsias) de levar de um lado para o outro, e depois o sal, que era muito utilizado para conservar alimentos. Os resquícios desta escolha existem até hoje. Por exemplo, a palavra "capital" vem do latim *capita* (cabeça), referente ao gado, e "salário" vem de sal.

Porém, o sal e a carne do boi eram produtos perecíveis, então difíceis de acumular. Era preciso pensar em algo mais eficiente. E aí surgiu o metal. Maleável, bonitão, raro e fácil de transportar.

De início, era usado no seu estado natural, depois em barras ou outros objetos. Mais tarde, começou a ser usado já com o peso definido impresso, no formato de moedas e com a marca de quem emitiu, facilitando ainda mais as transações. Isso tudo por volta do século VI antes de Cristo.

As moedas eram cunhadas, principalmente, em ouro e prata, que eram metais raros e imunes à corrosão e que carregavam também uma pegada mística. O povo acreditava existir uma estreita ligação entre o ouro e o sol, a prata e a lua.

Como essas moedas eram fáceis de transportar e acumular, muitos proprietários delas começaram a guardá-las com ourives. Os ourives, em troca, emitiam recibos desse ouro, e não demorou para que os recibos fossem utilizados como troca também. Pra que carregar um monte de moedas de ouro se poderia comprar coisas entregando apenas um recibo de papel? É o ser humano sempre facilitando o processo. Da mochila de peixes aos sacos de sal, das moedas de ouro ao papel.

No fim do século XVII, surgiu o primeiro banco, na Inglaterra, e o procedimento era o mesmo: as pessoas levavam ouro e prata para o banco e recebiam um recibo que garantia a entrega. Esse sistema durou muitos séculos e foi copiado por outros países. Chegou um momento em que o volume de transações ficou tão grande que foram criados os bancos centrais para organizar a zona.

E o mundo financeiro seguiu inovando. As transações bancárias foram ficando cada vez mais simples. Surgiram os cheques, os cartões de crédito (inventados pelas companhias de combustível), as transações eletrônicas, o homebanking, o PayPal, e a cada dia surge uma Fintech (mix de finanças com tecnologia) nova tentando melhorar a forma como pagamos, controlamos e investimos nosso dinheiro.

Agora é possível transferir dinheiro com dois ou três cliques do seu celular. Um belo progresso para quem estava no início deste capítulo carregando peixes de um lado para outro.

Você não gosta mais do trabalho em que está? Caia fora e vá trabalhar com o que gosta. Você quer ir para a praia e viver das coisas que a natureza dá, como aquela menina do YouTube? Vá pra praia vender miçangas. Não tem problema se não vender uma sequer, pois você já construiu seu patrimônio. Quer ser um pintor, mas pinta quadros horríveis? Vá ser feliz. Conquistar essa liberdade, a financeira, deveria ser a meta de todos e ser matéria ensinada nas escolas.

3.

Como funciona a economia

O dinheiro circula no nosso dia a dia o tempo todo. Com ele compramos o almoço, pagamos o aluguel e cortamos o cabelo. Mas como ele circula? Como se multiplica na economia? De onde ele vem, pra onde ele vai? A economia é uma engrenagem fascinante. Ela é composta de pessoas, empresas, governo e suas milhões de transações por segundo. Quando uma pessoa compra algo de outra, como o pescador comprando de um produtor um quilo de arroz, uma transação ocorreu. O valor pago por um é a receita do outro.

Neste caso, o dinheiro serviu apenas como conversor para troca entre duas pessoas, e a economia seria muito mais simples se fosse apenas isso. Um grupo de pessoas, cada uma produzindo algum bem ou serviço e transacionando entre elas.

Mas **ainda bem** que a economia é mais complexa que isso, pois existe uma variável chamada **crédito,** que é fundamental, mas, eventualmente, mal-interpretada.

Vou explicar o "ainda bem" e o "crédito". O mundo em que a gente vive cresce em cima de um sistema de crédito. Qualquer um que usufrui a possibilidade de entrar em um supermercado com milhares de itens, escrever um e-mail, olhar um vídeo no YouTube, tirar uma foto com o celular ou comprar um remédio na farmácia da esquina se beneficia disso.

A farmácia hoje está ali, pertinho de nós, mas antigamente uma simples dor de cabeça poderia durar semanas e virava um sofrimento terrível. Hoje é resolvida em instantes na tal farmácia da esquina com uma aspirina de R$ 1. Algo que para nós parece tão trivial, mas que só funciona graças a um sistema que estimula toda a cadeia, da criação à venda de um produto. E isso tudo inicia com o crédito.

Para exemplificar, vou voltar com o pescador e produtor e vou criar uma pequena comunidade. Vamos ver como ela transaciona o dinheiro e cresce. Vou adicionar nela outro personagem, o serralheiro, e também adicionar um banco. Cada uma das pessoas começa com R$ 10 na mão e vamos ver como a economia dessa comunidade vai funcionar. É toda uma economia dentro de R$ 30.

No primeiro dia, o pescador bate à porta do produtor para comprar 1 quilo de arroz. O preço é R$ 5 e a transação é concretizada.

—— O pescador ficou com R$ 5 de saldo
—— O produtor está agora com R$ 15
—— O serralheiro segue com R$ 10
—— Total: R$ 30

Detalhe importante: para ficarem seguros, todos eles mantêm o dinheiro no banco. Segundo dia, o serralheiro bate à porta do pescador e compra 1 quilo de peixe ao valor de R$ 10. Transação fechada.

—— O pescador fica com R$ 15
—— O produtor tem R$ 15
—— O serralheiro foi para R$ 0
—— Total: R$ 30

No terceiro dia é o produtor que bate à porta do pescador para comprar peixe, mas o pescador não tem mais, pois tinha vendido tudo para o serralheiro no dia anterior. O produtor vai pra casa chateado e o pescador fica pensando o que ele poderia fazer para não perder outras vendas. Ele decide ir ao serralheiro e pede um orçamento de uma canoa maior e com suporte para diversas varas de pescar para aumentar sua produção. O serralheiro pede R$ 25 pelo serviço, mas o pescador tem apenas R$ 15 na sua conta no banco. Está faltando R$ 10.

O que ele precisa? Crédito. No dia seguinte, resolve fazer uma visita ao banco para pedir um empréstimo (crédito) de R$ 10 pelo período de um ano. O banco concorda em emprestar e propõe como recompensa uma taxa de juros de 20%.

A taxa de juros é uma das engrenagens mais importantes em uma economia. Se a taxa de juros está muito alta, as pessoas não vão pedir empréstimos e novos negócios não serão criados. Se está baixa, o "dinheiro está barato", por isso existirá maior demanda por empréstimos e a economia deve crescer. Vou falar sobre essa importante engrenagem no capítulo 14.

Pescador e banco fecham o empréstimo. O pescador sai do banco com os R$ 10 no bolso, prometendo devolver esse valor em um ano, mais R$ 2 de juros (os 20%).

Com isso, temos:

—— O pescador com R$ 25
—— O produtor com R$ 15
—— O serralheiro com R$ 0
—— Total: R$ 40

Mas se no início cada um tinha recebido R$ 10, deixando o total máximo de R$ 30 de dinheiro existente, como a soma agora é R$ 40? De onde vieram esses R$ 10 extras? Mágica? Não. Crédito.

O banco é o ponto de encontro entre quem quer guardar (investir) dinheiro e quem quer pegar dinheiro emprestado. Ele atua como um agente de distribuição, recebendo depósitos de um lado e emprestando dinheiro do outro.

Mas e se as pessoas resolvem correr no banco para sacar os R$ 30 que tinham depositado? Bem... daí ocorre um bug no sistema e não é legal. Isso ocorreu algumas vezes, como na Argentina em 2001 ou mais recentemente na Grécia.

Esse dinheiro emprestado pode ajudar demais a economia a crescer, financiando diversos negócios, como no exemplo do pescador. Também pode ser usado para a compra da tal TV de 2 mil polegadas. O consumo dela vai gerar empregos, seja do fornecedor de matéria-prima, da fábrica ou da loja que vendeu.

Mas é claro que esse crédito virou uma dívida. No exemplo do pescador, era uma dívida para que ele pudesse produzir mais. Já no caso da TV, nem tanto (a menos que você cobre ingresso de outras pessoas para assistir aos jogos do Brasil na sua TV de 2 mil polegadas).

Voltando ao exemplo. Agora o pescador tem R$ 25 em mãos e entrega isso para o serralheiro construir a tal canoa superninja.

Com isso, no momento temos:

— Serralheiro com R$ 25
— Pescador com R$ 0 (devendo R$ 10 para o Banco)
— Produtor com R$ 15
— Total: R$ 40 (R$ 10 é crédito)

O pescador recebe a canoa e aumenta a produção, conseguindo agora pescar dez vezes mais peixes do que antes.

Ele não só consegue absorver a demanda de todos ao redor, como acontece uma coisa ainda melhor. A capacidade de produzir mais com o mesmo esforço permitiu ao pescador acessar a cidade vizinha, que estava cheia de pessoas ansiosas para comprar peixes. Mais transações foram sendo realizadas, a economia cresceu e logo surgiu um restaurante de peixes, uma lojinha de especiarias e uma banquinha com brinquedos de madeira. Em seguida surgiram novos produtores, artesãos, marceneiros, professores, médicos e artistas.

É um exemplo simplista, mas basicamente é assim mesmo que funciona a economia. Pessoas produzindo e transacionando bens e serviços, bancos recebendo depósitos e oferecendo crédito.

Faltou mencionar o governo, que está junto dessa engrenagem, seja ao recolher impostos para investir em segurança, educação ou saúde, ou tentando pilotar a economia, usando, como um dos métodos, o controle de dinheiro disponível.

Os Bancos Centrais de cada país podem controlar a quantidade de dinheiro disponível aumentando ou diminuindo as taxas de juros e também através de depósitos compulsórios (os bancos são obrigados a manter parte dos recursos captados dos clientes em uma conta no Banco Central).

O bacana é que a tecnologia está permitindo que, como disse antes, a evolução venha cada vez mais rápido, e por isso estamos vendo muitas transformações em todas essas engrenagens. Na área financeira, as Fintechs estão chegando para mudar o mundo do crédito, pagamentos, transações, investimentos e por aí vai.

Os bancos, por exemplo, intermediários que recebem depósitos de clientes de um lado para oferecer empréstimos para outros clientes do outro, estão vendo o surgimento de empresas que fazem a conexão direta entre quem quer emprestar e quem quer dinheiro emprestado.

Esse movimento é importante, pois a concentração bancária no Brasil é muito grande. O número de bancos reduziu demais nos últimos 20 anos em função de incorporações, fusões e, em alguns casos, até falências de bancos menores. Uma onda de bancos estrangeiros encerrou suas atividades no Brasil por imbróglios regulatórios. E tudo isso gerou um único resultado: menor concorrência.

A teoria econômica ensina que, quanto menor o número de competidores, menos eles se motivam para reduzir o preço (custo do dinheiro ou juros, no caso do crédito) para o cliente final. Chegamos na menor taxa de juros da história do nosso país (6,5% ao ano) e os *spreads* bancários não caem – em alguns casos até aumentaram. Isso não faz muito sentido, certo? O exemplo mais bizarro é o cartão de crédito, onde o juro ao ano no rotativo pode passar de 400%.

Até perdemos a inglória primeira posição de país com a maior taxa de juros do mundo para ocupar o sexto lugar e, mesmo assim, a falta de competitividade do mercado bancário segue atrapalhando. Conforme artigo da revista britânica *The Economist*, os bancos lucram em qualquer cenário, seja na expansão da economia ou em períodos recessivos.

Indo para o mundo dos investimentos, pelos dados da Morningstar, empresa líder no fornecimento de pesquisa de investimentos, no primeiro semestre de 2017, os cinco maiores bancos brasileiros possuíam **74,1%** de todo o *market share* da gestão de recursos de terceiros. No mesmo período de 2018, esse número caiu para **70,4%**. Embora o impacto pareça pequeno, esses 4% representam algo como R$ 140 bilhões. Parte dessa captura se deve às corretoras, gestoras independentes, cooperativas e mais recentemente às fintechs.

É fundamental fomentar o setor de fintechs. A competição, que antes se dava entre grandes, agora parece que ocorre de forma mais descentralizada, entre nichos. Novos entrantes com propostas mais enxutas, transparentes e desburocratizadas estão começando a ganhar espaço. No limite, os bancos estão atentos a essa "ameaça" e vêm tentando parecer mais tecnológicos e "moderninhos".

A revolução tecnológica percebida em vários outros setores da economia está recém começando no setor financeiro e já está mudando a forma tradicional de fazer negócios. Cada vez mais as pessoas percebem o conflito que existe entre **"o que é bom para o cliente"** e **"o que é bom para o banco"** e estão cansadas de aceitar produtos ruins, desalinhados com seus objetivos, perfis de risco ou horizontes de investimento.

Mesmo para os mais conservadores, que priorizam a segurança, vale ressaltar que as fintechs precisam estar adequadas a todos os órgãos reguladores para operar no mercado financeiro brasileiro e estão sujeitas aos controles dos mesmos órgãos que orientam os grandes bancos sem distinção, como Banco Central do Brasil, Comissão de Valores Mobiliários (CVM), Associação Brasileira das Entidades dos Mercados Financeiro e de Capitais (Anbima) e empresas de auditorias externas. Por isso, o cliente acostumado a tomar um café com o gerente não precisa ter receio. Ele não está menos seguro apenas por ter tirado o seu investimento do banco e colocado em uma fintech.

Não se trata de uma ruptura com os bancos, mas sim de uma conexão entre os dois setores. Os bancos podem desempenhar um papel importante para o crescimento das fintechs ao custodiar os seus produtos, por exemplo. A diferença é que as fintechs democratizam o investimento e oferecem ótimos produtos para todos os investidores, independentemente do quanto eles têm para investir. Além disso, oferecem preços mais justos e uma experiência muito mais atrativa e próxima.

Existe um futuro muito melhor para quem precisa pagar, pegar empréstimo ou investir, e esse futuro pode passar longe do banco.

Cada vez mais as pessoas percebem o conflito que existe entre "o que é bom para o cliente" e "o que é bom para o banco" e estão cansadas de aceitar produtos ruins, desalinhados com seus objetivos, perfis de risco ou horizontes de investimento.

4.

Organizando a cozinha (finanças pessoais)

Você consegue economizar o quanto gostaria quando chega o final do mês? Essa é uma das perguntas que faço nas palestras do Papo de Grana e a maioria absoluta das pessoas responde: "não".

Quando pergunto o porquê, as respostas são: "não sei o que fazer", "acho chato demais", "os filhos nasceram e eu perdi o controle", "imprevistos surgem a todo tempo", "é tão legal comprar e o cartão de crédito vai aceitando".

Essa estatística de "nãos" que recebi confirma uma pesquisa realizada em 2014 pelo Serviço de Proteção ao Crédito (SPC Brasil) e pela Confederação Nacional de Dirigentes Lojistas (CNDL). A pesquisa descobriu que oito em cada dez entrevistados não sabem como controlar suas despesas. É isso mesmo, 80% das pessoas não sabem controlar suas finanças. Ao redor de 70% dos que têm baixo ou nenhum conhecimento sobre as finanças pessoais (em resumo, não sabem quanto ganham ou quanto gastam) terminam o mês no vermelho ou no zero a zero. Esse número recua para 29% para aqueles que acompanham de perto suas receitas e despesas.

Outros dados que chamaram a atenção:

—— 36% dos entrevistados sabiam nada ou quase nada sobre as contas regulares que devem pagar no mês.

—— 40% deles não sabiam exatamente qual a renda mensal que tinham.

—— 38% dos entrevistados informaram que às vezes ou nunca avaliam a sua situação financeira antes de adquirir um bem.

A maior parte das pessoas não controla suas despesas, muitos mal sabem quanto gastam ou ganham e outros tantos compram sem saber se realmente poderiam comprar. É mais ou menos como pilotar um avião sem o painel mostrando a velocidade e a altitude. Qual a probabilidade desse avião cair?

O primeiro passo para cuidar do seu dinheiro é criar um controle sobre suas despesas e receitas. Esse controle básico, de quanto você ganha versus quanto você gasta, vai te ajudar a organizar sua vida financeira.

Fazendo um Papo de Grana em Recife, me deparei com um grupo de supernerds e todos eles tinham as finanças pessoais na palma da mão, mas um deles foi o que mais chamou minha atenção. Ele construiu um software que fica linkado ao banco, cartão de crédito e aos parâmetros dele de gastos. Conforme ele foge de um dos parâmetros, recebe imediatamente um e-mail com o alerta e dizendo o que ele precisa fazer para ajustar.

Demais! Mas não precisa esse troço todo, não. Hoje já existem diversos aplicativos que fazem isso e, se você não é adepto aos aplicativos, uma planilha simples de Excel já resolve. Eu sou suspeito. Pra mim, as três maiores invenções da humanidade são o ar-condicionado, a guaraná Fruki e o Excel. Se você está lendo este livro fora do sul do país provavelmente não conhece a guaraná Fruki. Eu recomendo!

E claro que, pro Excel funcionar, é preciso um computador, então teria que colocá-lo nessa lista também. Mas o fato é que sou o grande defensor de você resolver sua vida financeira com um Excel. Na verdade o que eu uso é a versão do Excel do Google, que é ainda mais simples de usar, é on-line e você pode compartilhar com quem quiser. E para construir as finanças do casal é disparadamente a melhor solução. No site papodegrana.com você pode baixar um modelo de planilha de Excel para usar.

Existem também diversos apps de controles de gastos à disposição nas lojas da Apple e do Google. São ferramentas bem práticas para ajudar a organizar a vida financeira. Mas eu confesso que tenho uma certa dúvida sobre a eficiência delas em ajudar na sua organização e principalmente na sua reeducação financeira. O que os apps fazem é organizar as suas finanças em uma espécie de extrato bonitinho. Legal, mas um extrato bonitinho não fará você realmente repensar sua vida financeira.

Uma outra possibilidade é uma folha de papel colada na geladeira. É old school e funciona. Logo adiante no livro tem também uma versão para recortar.

Antes de começar a entrar no detalhe da organização financeira, preciso fazer um alerta. Vá devagar. Se você nunca cuidou das suas finanças, não tente da noite para o dia criar uma superplanilha ninja e controlar nos centavos até a bala que recebeu de troco no mercadinho. Vai funcionar por três dias e depois você vai abandonar. É como fazer um regime agressivo, mudando imediatamente todos os seus hábitos alimentares. O regime vai fracassar.

Cuidar do seu dinheiro vai muito além de simplesmente manter uma planilha atualizada. Você precisa dar valor para o dinheiro que conquistou, precisa compreender para onde ele está indo, precisa entender por que às vezes se sabota. Existe um fator grande de conexão com suas emoções. Se você precisa passar por uma reabilitação, talvez o início seja difícil e sofrido, mas depois a relação com o dinheiro e o ato de controlar as finanças precisa ser agradável. A recompensa será muito boa, como comprovam os feedbacks que recebi de diversos participantes das palestras do Papo de Grana.

Cito dois que mais me marcaram.

Um homem, por volta dos 50 anos, que no final de uma das edições em São Paulo me chamou pra dizer: "Vou levar pra casa o que você falou aqui e depois aviso se funcionou". Confesso que fiquei até com medo. Primeiro porque assusta ser colocado contra a parede e, segundo, porque vai que a família do cara fica irritada, briga com ele e acaba sobrando pra mim. Eis que uns 4 meses depois recebo um e-mail com o título "funcionou". Era o mesmo homem se apresentando, dizendo que a vida financeira dele estava entrando nos trilhos, que ele tinha agora uma rotina com a esposa de um papo rápido semanal para avaliar as contas e planejar os gastos e eles estavam educando os filhos adolescentes a economizar 10% das mesadas deles para o futuro. Aquele e-mail não só me trouxe alívio como me encheu de energia.

O segundo caso foi o de uma moça, superjovem, por volta dos 18 anos, da edição de Curitiba. Recebi um e-mail dela uns dois dias após a palestra. Ela pedia mais dicas de como resolver um problema em casa. O e-mail era longo e contava que na família dela nunca se falava sobre dinheiro, sobre futuro financeiro, sobre gastar com consciência. O pai era um médico bem-sucedido, mas mesmo ele não falando abertamente sobre problemas, ela sabia que as coisas não iam bem. Você pode estar até se perguntando como uma pessoa bem-sucedida tem problemas com dinheiro. Pois saiba que isso é mais comum do que você imagina.

Fizemos um papo por Skype e eu sugeri que ela chegasse em casa contando de forma despretensiosa que tinha participado de uma palestra sobre investimentos e finanças. Que tinha achado interessante e que queria mostrar para os pais o que tinha aprendido. E caso os pais mostrassem interesse, seria possível até marcar um papo por Skype com um consultor para falar em mais detalhes. Um dia depois ela me manda outro e-mail dizendo que o papo tinha sido muito bom e que o pai dela queria sim falar com algum consultor para tirar dúvidas.

Minha profissão não é ser consultor de finanças pessoais. É preciso uma habilidade quase de psicólogo para falar com as pessoas e ir a fundo nos problemas relacionados a dinheiro, então indiquei um amigo que é fera no assunto. Ele começou um longo processo de reeducação financeira e sei que acompanha a família até hoje. Minha recompensa veio em outro e-mail da moça cujo título era "compartilhando um obrigado recebido". Ela escreveu que o pai tinha dito pra ela um "muito obrigado por ter trazido pra casa o assunto dinheiro". Que as coisas tinham se ajustado, estava tudo bem e ela queria compartilhar.

O bolso é um dos órgãos mais sensíveis do ser humano. Não é à toa que existe o termo "saúde financeira". É preciso cuidar dessa saúde muito bem.

Lidar com as despesas pessoais é quase como uma empresa lidando com a contabilidade. De forma simplificada, você tem a linha de receita e a linha de despesa e, assim como uma empresa, o confronto dessas duas linhas precisa apresentar um resultado positivo. Você, como empresa, precisa dar lucro. Então a frase principal é: **gaste menos do que você ganha.**

A diferença entre o que você ganha menos o que você gasta tem que ser positiva. No papel é bem fácil, na prática dá um pouquinho de trabalho, mas você tem que passar por isso.

Chegar no valor da **receita** é simples. Se você tem um salário fixo, basta pegar o valor líquido do seu salário. Exemplo: tem salário de R$ 5.000, com descontos, então deve receber ao redor de R$ 3.900. Bônus ou 13º idealmente ficam fora dessa conta.

Se você tem uma renda variável, tente chegar na média de receita que você faz ao ano e divida por 12 para chegar na média mensal. Exemplo: faz 10 projetos no ano, ganhando R$ 5 mil por projeto, então sua renda média mensal é R$ 4.160= (10 X R$ 5000)/12).

Agora vamos para a linha de **despesa,** que será mais trabalhosa. Minha sugestão é que você divida as despesas em 3 categorias: despesas fundamentais (aluguel, educação, luz, transporte, etc), diversão (restaurante, viagens, lazer) e investimento. Sim, investimento entra na linha de despesa. E existe uma quarta categoria que é o que você precisa doar, mas como não entra necessariamente em uma linha de despesa, vou falar sobre isso depois.

Vamos aos trabalhos...

Despesas fundamentais

Na folha de papel, crie a classe das "despesas fixas" e vá escrevendo uma a uma. São elas: moradia (aluguel, condomínio, prestação do financiamento), saúde (plano de saúde), educação (faculdade, cursos, creche), habitação (água, luz, internet, telefone), transporte (gasolina, estacionamento, parcela do financiamento do carro, táxi, ônibus). Crie a coluna «valor» e vá completando. O valor das despesas fixas é mais fácil de encontrar. Basta abrir a gaveta com as contas e passar os valores para o papel.

A segunda classe a ser criada é das "despesas variáveis": alimentação (supermercado, padaria, almoço), vestuário, farmácia, extras (imprevistos). Esses valores são mais difíceis de ter à mão, mas muitas vezes você encontrará os rastros no seu cartão de crédito. Se não encontrou, tente estimar.

Crie uma terceira coluna que é o peso em % referente à sua renda. Para fazer o cálculo, divida o valor da despesa pela renda e multiplique por 100. Por exemplo: se tem uma renda de R$ 10 mil e gasta R$ 3 mil em aluguel, então: (R$ 3.000/R$ 10.000)*100 = 30%

O início do seu planejamento ficará mais ou menos como este rascunho na próxima página, supondo uma receita de R$ 10.000 por mês.

Como parâmetro, o ideal é que as despesas fundamentais representem, no máximo, 90% da sua receita.

Diversão

É claro que, se as contas não estão fechando, é a diversão que imediatamente vai ser cortada, mas é importante planejar um orçamento pra ela, pois você precisa ser feliz! Relacione aqui o que você e sua família gos-

	Despesas Fundamentais	
Despesas Fixas	**Valor**	**Peso**
Aluguel	R$ 2.000	-
Condomínio	R$ 800	-
Luz	R$ 500	-
Educação	R$ 2.000	-
Despesas Variáveis	**Valor**	**Peso**
Supermercado	R$ 1.000	-
Restaurante	R$ 800	-
Farmácia	R$ 200	-
Total	*R$ 7.300*	-

tam de fazer. Uma ou duas idas ao cinema por mês, jantar romântico, uma viagem no fim de semana ou a reserva mensal para uma viagem maior por ano, o jogo de futebol, shows, enfim.

Reforço. Se é a primeira vez que está fazendo esse planejamento, mantenha ele simples. Pois, se complicar, terá grande chance de desistir já na segunda semana. Se não é a primeira vez e já quer profissionalizar um pouco, ao invés de criar a coluna "valor", crie "valor esperado" e "valor realizado".

Assim você pode comparar e descobrir se você fugiu do plano. Por exemplo, tinha estipulado R$ 700 para diversão, mas gastou R$ 1.000. Se você quiser seguir seu plano financeiro à risca, já sabe então que no mês seguinte terá que economizar em lazer para compensar o deslize.

Investimento

Por fim deixei o tema investimento, mas o ideal é que ele entre como a primeira despesa a ser retirada do seu orçamento. O que a maioria das pessoas faz é: "sobrou uma graninha… vou viajar… sobrou grana da viagem… vou comprar um tênis… sobrou da viagem e do tênis, então vou botar na minha poupancinha". É preciso inverter essa ordem para construir um patrimônio interessante.

Você precisa retirar "na fonte" pelo menos 10% da sua renda para ser direcionada a investimentos. Esse dízimo é a primeira parte a ser retirada da sua renda e é a última a ser acionada. Não vai adiantar reservar os 10% para investimento em um mês e no mês seguinte resgatar para comprar o tal tênis. Seu dízimo é sagrado e intocável. Receitas e despesas devidamente preenchidas, a versão final da sua planilha deve ter ficado mais ou menos assim:

	Despesas fundamentais	
Despesas Fixas	Valor	Peso
Aluguel	R$ 2.000	20%
Condomínio	R$ 800	8%
Luz	R$ 500	5%
Educação	R$ 2.000	20%
Despesas Variáveis	Valor	Peso
Supermercado	R$ 1.000	10%
Restaurante	R$ 800	8%
Farmácia	R$ 200	2%
	Diversao	
Cinema	R$ 200	2%
Reserva viagem	R$ 400	4%
	Dízimo	
Aposentadoria	R$ 800	8%
Reserva emergência	R$ 200	2%
Total	*R$ 8.900*	*89%*
Receita	*R$ 10.000*	
Saldo	*R$ 1.100*	
Plano de ação	*Comemorar e investir o saldo*	

Compare despesa com receita e você tem o resultado da sua vida financeira. Se está positiva, ótimo, se está negativa, temos que resolver isso, e na matemática não existe romance. Ou você **aumenta a receita**, ou **diminui a despesa**. Não existe uma terceira possibilidade. Desculpe, mas não vai adiantar acender vela, seja para qual santo você acredite.

Diminuindo despesas

Para tentar diminuir despesas, o primeiro passo é encontrar onde você está gastando acima da média. Aliás, foi por isso que você criou a coluna "peso". Vamos usá-la.

Compare o peso de cada um dos itens a essa média abaixo:

— Moradia: 20%

— Saúde: 8%

— Educação: 12%

— Habitação: 5%

— Transporte: 12%

— Alimentação: 15%

— Lazer: 10%

— Vestuário: 5%

— Extras: 3%

— Seu dízimo: 10%

No exemplo anterior, eu tinha usado R$ 2.000 para aluguel, que com uma receita de R$ 10.000 significam 20% do orçamento. Como a média nacional é 20%, significa que aqui estamos dentro da média. Se você chegou em um número acima dos 20%, então tem a uma indicação de onde pode buscar ajuste no seu orçamento. É uma indicação. Não estou dizendo para você já ir fazendo as malas para encontrar um lugar menor ou mudar para um bairro mais em conta. Você pode muito bem compensar em outras áreas, mas é bom ter um norte para saber se temos que remar mais para a esquerda ou para a direita.

Cortar despesa não é humilhante, é inteligente. Ou você acha que uma empresa que vai à falência por não saber cuidar do dinheiro é um exemplo nobre a ser seguido? Sem dúvida você prefere admirar aquela empresa enxuta, com as contas em dia e que gera lucro. Repito, você precisa olhar suas contas da mesma forma que uma empresa competente olha. Você precisa dar lucro. Então não sinta vergonha por fazer o exercício de economizar nas idas ao cinema, no barzinho com os amigos ou pela mudança para um outro bairro. Vergonha é não ter as contas saudáveis, não reservar parte para investir no futuro. Vergonha é pedir concordata.

Diminuir despesas não só faz bem para o bolso, como também pra alma. Eu poderia entrar no meu mundo hipster de consumo consciente e discursar páginas e páginas sobre isso, mas vou poupar um pouco seus olhos. Só um pouco.

Vivemos em um mundo onde consumir é muito fácil, mas será que precisamos mesmo da maioria das coisas que consumimos? A resposta será, em grande parte das vezes, "não".

Não precisamos de infinitos tipos de calças jeans, os sapatos mais caros, ou o relógio que marca hora mesmo a 50km de profundidade no oceano. Cortar supérfluos, não comprar por impulso, consumir menos. Tudo isso demanda uma mudança de hábitos e pensamentos sobre o que compramos e estocamos de bugigangas na nossa vida, e pode ser bem recompensador.

Além da economia que proporciona, você passa a ter uma vida mais leve, com menos tranqueiras para carregar e se preocupar.

Tem um exercício que gosto de perguntar em palestras: quantas caixas você acha que precisa para fazer uma mudança? Tente pensar nisso agora. Provavelmente você vai chegar em um número ao redor de umas 10 caixas bem grandes, que é o que a maioria das pessoas responde. Mas se fizer a mudança vai se surpreender, pois vai precisar de umas 50 caixas! Essas 40 caixas extras são quinquilharias que você nem sabe que existem, mas que estão lá.

Nós temos talento em acumular bugigangas e elas têm o dobro do talento em se multiplicar rapidamente. É só você fazer uma viagem para Qualquer Lugar e vai querer comprar um copo com os dizeres "eu amo Qualquer Lugar". Você vai comprar! É mais forte que você.

Esse copo vai para uma prateleira em destaque, depois para um lugar menos nobre e, por fim, vai para o depósito e vira mais um dos itens que estarão naquelas 40 caixas extras.

Eu passei por algumas mudanças onde carreguei as 50 caixas. Primeiro, uma mudança para o Rio de Janeiro. Lá fui eu arrastar as 50 caixas. Depois, uma mudança para São Paulo, e lá foram as 50 caixas comigo. Mas aí surgiu uma mudança para os Estados Unidos e simplesmente não tinha como levar a tranqueira toda. Então tive que doar ou vender a maioria delas. De fato, o exercício de desapegar começou difícil, mas depois se tornou prazeroso. No fim das contas, eu e minha esposa nos mudamos para Nova York com apenas quatro malas. O mais bacana é que não senti falta alguma de tudo o que me livrei.

Nós carregamos uma quantidade absurda de coisas de que não precisamos. Quando você aprende a viver mais leve, é mais um caso onde você tem um belo benefício para o bolso e para a alma.

Tem um documentário no Netflix chamado Minimalism (Minimalismo), que eu recomendo fortemente. Ele fala justamente sobre viver mais leve. Talvez sejam um pouco hardcore demais, ao defenderem viver com uma bermuda e uma camiseta, mas vale demais assistir.

Existem vários exercícios interessantes que ouvi de pessoas nos Papos de Grana, como: deixar para amanhã o que vai comprar hoje ou perguntar pra si mesmo se realmente precisa do que vai comprar, se vai usar e quantas vezes vai usar. Mas para mim o melhor exercício de todos é o de encontrar o tempo de vida que você gastou para poder comprar o que está pensando em comprar.

Funciona assim: se você tem um salário de R$ 1.000 e trabalha 180 horas por mês, significa que você ganha R$ 0,09 por cada minuto que trabalha. Se tem um salário de R$ 5.000, cada minuto são R$ 0,45. Com um salário de R$ 10.000, cada minuto são R$ 0,90. O cálculo é simples. Descubra seu valor de minuto trabalhado, pegue o valor de algo que pensa em comprar e divida pelo valor do minuto trabalhado. É uma boa forma de pensar duas vezes antes de comprar algo.

Usando o exemplo do salário de R$ 5.000, se você comprar uma latinha de Coca-Cola pagando R$ 5 por ela, significa que na verdade ela custou 11 minutos da sua vida. Se você comprar uma camiseta de R$ 250, foram 555 minutos (9 horas) da sua vida, ou um dia inteiro de trabalho. Você acordou, tomou café, foi para o trabalho, trabalhou a manhã toda, foi almoçar, voltou do almoço, trabalhou a tarde toda e voltou para casa por causa de uma camiseta.

A ideia não é julgar seus hábitos ou como você gasta seu dinheiro, afinal, a vida é sua. Porém, tenho dois argumentos.

Primeiro: se você não está conseguindo economizar pelo menos 10% para investir mensalmente e está comprando camisetas pagando cinco vezes mais só porque elas têm bordado um boizinho, um patinho ou um jacarezinho, ferrou!

Segundo: se no fim das contas o que gastamos na tal camiseta é tempo, será mesmo que vale o nosso tempo a tal camiseta? Note, não estou dizendo para você começar a se vestir usando um saco de batata ou um pano velho da cozinha. É que realmente às vezes nós gastamos nosso tempo com algumas coisas enquanto poderíamos gastar com algo tão mais divertido.

Interessante é que, muitas vezes, o que é divertido custa nada. Lembro uma vez quando era pequeno e fomos passar o verão em Santa Catarina. Chegamos na cidade, chamada Piçarras, e meus pais foram em uma imobiliária escolher a casa. Na verdade, o que eles queriam era um pátio com grama e uma árvore, não importava se ela fosse grande, pequena, azul ou amarela.

O problema (para mim) é que a única casa que tinha um pátio com grama era uma supervelha, com uma geladeira da década de 60 e sem TV. Isso, sem TV!!! Óbvio que me bateu o desespero e chorei, briguei e esperneei na tentativa de que não ficássemos naquela casa. Adiantou? Claro que não. Aí mesmo que meus pais bateram o pé na casa velha do pátio com árvore. Foram longos 30 dias que passamos lá e me lembro até hoje como um dos melhores momentos da minha vida.

A casa era simples, sim, mas e daí? Atendia a tudo o que precisávamos. Ficar sem TV me fez ficar na rua o tempo todo. Ler todos os gibis da Mônica e do Tio Patinhas que meu orçamento permitia. Eu não ganhava mesada, então pra comprar gibis, só com meu dinheiro vindo das lavagens de louça e outros jobs.

O dinheiro não ia só para gibis, mas principalmente para um parquinho que tinha uns minicarros movidos à gasolina. Aquilo era demais! Eu, que era mais fã de Fórmula-1 do que do glorioso Internacional de Porto Alegre, me sentia o Ayrton Senna naquilo. Pedi para dobrar o salário das lavações de louça para poder andar mais naqueles carrinhos. O clima de praia ajuda em todos os sentidos, até em amolecer o coração (bolso) dos pais.

Então, cuidar bem do dinheiro não se resume a segurar o ímpeto consumista, mas também aprender a dar valor a experiências que às vezes custam quase zero. E nessa onda, uma mudança de hábitos pode, da mesma forma, ajudar demais.

Que tal andar de bicicleta para fugir dos gastos de transporte? Levar almoço de casa, para evitar comer fora no trabalho? Ou mesmo convidar os amigos para sua casa para economizar naquela ida cara ao restaurante?

Levar almoço de casa, por exemplo, pode fazer você chegar ao R$ 1 milhão. Interessou, né? Pois é. Em média, você economiza uns R$ 350 por mês levando almoço de casa para o trabalho. Pode parecer pouco, mas saiba que essa quantia pode fazer você chegar a R$ 1 milhão. Mais à frente vou mostrar como.

Faça o exercício de comparar as suas despesas com a média e verifique onde pode economizar. Ou olhe na sua lista de despesas e marque os gastos que lhe dão menos prazer ou lhe trazem menos benefício. Por exemplo, a assinatura de uma revista que você pouco lê. O streaming de música que nem usa. A mensalidade da academia em que nunca vai (se bem que o ideal é que você fosse, mas daí seria um outro livro).

Pense que no fim das contas não importa o quanto você ganha, mas sim o quanto consegue guardar.

Aumentando a receita

O propósito deste livro não é esse, mas não resisto em dar uns pitacos neste tópico, pois tão importante quanto controlar despesas é aumentar a receita. Se o dinheiro é a forma de metrificar o seu esforço, é importante investir em você. E isso significa saber negociar, saber se cercar de pessoas que elevam suas qualidades e produzir mais e melhor.

Negociar

Quando estiver comprando, faça ofertas mínimas, passe por cima da vergonha e, quando estiver vendendo, peça o máximo (obviamente dentro do justo). Você precisa treinar isso para não vender seu tempo barato.

A todo instante você está negociando, está comprando e está se vendendo. Seja no supermercado, no trabalho ou na apresentação de um projeto na faculdade.

Cercar-se de boas pessoas

Vivemos cercados de pessoas. Nossa família, amigos, colegas, conhecidos e estranhos. Não só não estamos sozinhos neste mundo, como estamos cada vez mais conectados. Falamos imediatamente, a qualquer hora, com qualquer um. É a soma das habilidades e da dedicação das pessoas que faz com que o mundo em que vivemos seja cada vez mais incrível.

A pessoa certa ao seu lado fará você melhor, e essa regra serve para relacionamentos amorosos ou profissionais. A pessoa certa te desafia, te empurra para a frente e você faz o mesmo de volta.

A vida vai passando rápido demais para perdermos tempo com pessoas que não adicionam. Esse desencaixe cria relacionamentos ruins e negócios ruins. Você precisa encontrar pessoas que vão ajudar a fazer sua melhor versão aparecer.

Produzir mais

Talvez você nem tenha percebido, mas ganhou na mega-sena da vida. Entre tantas possibilidades, como nascer uma minhoca, uma lesma ou um pintinho amarelinho, você nasceu um ser humano. Com um telencéfalo desenvolvido e um polegar opositor. Portanto, antes de reclamar, resmungar ou pensar que nada dará certo, levante a bunda da cadeira e faça.

Algumas vezes, desculpa para não fazer é reflexo de falta de autoconfiança. Para vencê-la, só com coragem para quebrar a cara e garra para seguir em frente. Parece papo de autoajuda, mas às vezes não tem mesmo como fugir disso.

Não sabe por onde começar? Comece pensando fora da caixa. É um advogado em um escritório parado no tempo? Pesquise como o Watson da IBM pode melhorar processos. Um padeiro em uma padaria que não está faturando? Engaje clientes através de mídias sociais. Um grupo de WhatsApp pra avisar quando tem pão quentinho pode funcionar.

E se você odeia onde trabalha e não vê futuro? Ou então só está no atual emprego porque vê segurança? Caia fora!

Para ser o melhor de você, você precisa fazer o que ama, e ao fazer o que ama vai produzir mais, atrair pessoas boas e o dinheiro virá como recompensa. Diminuir despesas ou aumentar a receita são as únicas alternativas para que você tenha as contas em dia.

Mas e se, ao invés de um "ou", mudarmos para um "e"? Diminuir despesas e aumentar receita. Se você conseguir os dois, controlando seus gastos com o mesmo ímpeto com que aumenta os ganhos, com certeza vai construir um patrimônio beeem gordo.

Cuidado com a armadilha de aumentar receita sem estar profissional em cuidar bem das despesas. Senão, um aumento de receita pode acabar significando uma parcela nova em uma nova TV, a mensalidade nova de um serviço que pouco usa e uma supermáquina de exercícios que nunca será tirada da caixa. Se você ainda não criou o mindset de cuidar bem da grana, um aumento de receita pode simplesmente ser neutralizado por um aumento de despesa.

Não sabe por onde começar? Comece pensando fora da caixa. É um advogado em um escritório parado no tempo? Pesquise como o Watson da IBM pode melhorar processos. Um padeiro em uma padaria que não está faturando? Engaje clientes através de mídias sociais. Um grupo de WhatsApp pra avisar quando tem pão quentinho pode funcionar.

5.

Potes, crianças
e envelopes

Falei sobre despesas obrigatórias (fixas e variáveis), diversão e investimento. Esses itens ficam mais facilmente visualizados se os categorizamos em potes. O pote das despesas e o pote dos investimentos. Com 80% dos recursos destinados para as despesas e 10% para os investimentos. Onde estão os 10% que faltam? Doação.

Despesas obrigatórias — **Diversão** — **Seu dízimo**

Cuidar da sociedade à sua volta é também sua responsabilidade e por isso o pote da doação é bem importante. E já que o dinheiro nada mais é do que tempo da sua vida, se você não puder ou não quiser doar dinheiro, doe seu tempo. No fim das contas vai dar no mesmo. Como doar seu tempo? As possibilidades são infinitas. Você pode ser voluntário em diversos programas pelo país, como a Junior Achievement, ou dedicar um fim de semana em um Startup Weekend, ou bater à porta de ONGs e oferecer ajuda. Não gosta, tem medo, tem vergonha? Não tem problema. Você pode ajudar com um talento específico que tem. Se você é um designer que trabalha em um coworking e a Startup que divide a mesa contigo tem um bom produto, mas peca em design, doe seu conhecimento e tempo. Ajude essa empresa sem cobrar.

Uma sociedade rica de oportunidades é uma sociedade onde o empreendedorismo é pujante. Se você ajuda uma startup vizinha, você está ajudando a criar uma sociedade rica e por isso está ajudando a criar mais oportunidades.

Então assim fica a distribuição dos seus potes:

O exercício dos potes pode ser usado também com as crianças. Diversos artigos mostram que, em média, a partir dos seis anos elas já têm capacidade de entender que uma quantidade X de moedas compra um item específico. Eu tenho um amigo que faz esse exercício com os filhos dele e me ensinou. Confesso que tentei fazer com o meu mais velho, mas não consegui. Ele está com três anos de idade enquanto escrevo este livro. Tentei ensinar que uma moedinha valia um carrinho e então tentei trocar carrinhos por moedinhas, mas no fim ele queria colocar moedinhas dentro dos carrinhos, carrinhos nas moedinhas, jogar moedinhas no teto, fazer corrida de carrinho com moedinha. Enfim, não adianta fazer cedo demais. Mas confesso que tentarei novamente quando ele fizer quatro anos, e se você tiver dicas que funcionaram com os pequenos, me avisa, por favor.

Atualização: pouco tempo antes de o livro ser publicado, consegui fazer um exercício com o meu filho, prestes a completar 4 anos. Eu criei um cofrinho pra ele e conforme ele faz algumas tarefas eu pago a ele em moedinhas. Agora ele não para de me pedir tarefas pra encher o cofrinho dele.

Já que não posso usar um exemplo próprio, vou usar este do meu amigo. O que ele faz é dar no sábado uma cota de moedinhas para cada um dos seus filhos. Ele tem um de seis e outro de oito anos. Essa cota de moedinhas é baseada no bom comportamento deles durante a semana, ou seja, não é gratuita. A cota começa fixa em R$ 10 e vai recebendo descontos ou bônus. Por exemplo, brigou com o irmão ou fez pirraça para tomar banho, vai ter um desconto de R$ 0,50 ou mais, dependendo da gravidade. Essa tabela de controle fica colada na geladeira.

No sábado, quando eles recebem a cota, eles têm seus três potes. Um para despesa, um para doação e um para investimento.

O pote da despesa pode ser imediatamente utilizado, o pote da doação é utilizado duas vezes no ano (Dia das Crianças e Natal, quando usam a verba dos potes para comprar brinquedos para doar) e o pote do investimento não pode ser utilizado. Eles têm a liberdade para colocar o que quiserem em cada pote. A estratégia é tentar fazer com que as crianças lidem com situações financeiras reais, como o prazer imediato de poder resgatar para consumir e a paciência de guardar para o longo prazo.

Meu amigo diz que nada vence o curto prazo. A possibilidade de poder comprar imediatamente alguns chocolates é invencível. Mas ele disse que todos os potes sempre recebem depósitos e que ultimamente o pote da doação tem recebido mais atenção, depois de eles terem ido juntos entregar os brinquedos comprados (mais os próprios brinquedos sem uso) em uma creche pública. Ensinar os pequenos desde cedo sobre dinheiro fará uma diferença gigante na vida deles.

Já que entrei no assunto dos potes, tem um outro exercício bem prático que também ajuda a organizar as finanças. Os envelopes. Hoje tudo é na nuvem, tudo é virtual e essa falta de "ser palpável" às vezes torna as coisas mais difíceis. Está no seu orçamento gastar R$ 100 naquela ida rápida ao supermercado, mas o cartão de crédito tem um limite muito maior. Ele vai aceitar se você gastar R$ 200. E lá se foi a disciplina por água abaixo.

Aqui vale um parêntese sobre cartão de crédito. Muita gente tem uma relação com cartão de crédito parecida com a que o alcoólatra tem com o álcool. Não foram feitos um pro outro, ou foram feitos em exagero um pro outro. Uma combinação explosiva. Minha sugestão nesses casos é esforço máximo para zerar a dívida do cartão e então cortar ele em pedacinhos e não usar mais.

O maior "culpado" pelas dívidas dos brasileiros é o cartão de crédito. Na verdade é a própria pessoa, mas estou dramatizando um pouco. Na segunda posição, bem atrás, vêm os carnês, e na terceira posição o crédito pessoal. Essa facilidade de gastar acima do orçamento, é claro, prejudica qualquer planejamento e a estratégia dos envelopes resolve isso.

A sacada é resgatar no início do mês o valor certinho para cada uma das despesas que podem ser pagas em grana e colocá-lo nos envelopes. Por exemplo, despesas como: supermercado mensal, padaria semanal ou mesmo diversão, como a ida ao cinema. Separe um envelope para cada item e coloque o valor correspondente do mês.

Se a meta é gastar R$ 100 por semana na padaria, o envelope terá os R$ 400 referentes às 4 semanas. Só esse simples exercício fará com que você compare preços com muito mais rigor e não ceda às tentações que não estavam planejadas.

Lembre que cuidar do seu dinheiro vai ser uma rotina eterna. Você pode até sofrer um pouco no início, depois ver o resultado e ficar animadão, mas em seguida vai virar uma rotina e você precisa se manter firme.

E os imprevistos vão surgir. Eles vão. Primeiro será a torneira da pia da cozinha que começou a vazar e precisa ser trocada, nada muito grave, mas que vai tirar um pouco seu humor. Depois virá o filtro do limpador do tanque do carro que estragou repentinamente e que custa parte de um rim. Neste momento você vai pensar em tocar fogo em todo o planejamento que vinha fazendo. Vai resolver ou piorar? Óbvio que piorar. Então, recomponha-se. Respire fundo. Mantenha-se firme. Siga a estratégia. Não sabote suas finanças, pois estará sabotando você. O objetivo de emergência, que vou falar mais à frente, vai ajudar a passar de forma mais preparada pelos imprevistos.

E os imprevistos vão surgir. Eles vão. Primeiro será a torneira da pia da cozinha que começou a vazar e precisa ser trocada, nada muito grave, mas que vai tirar um pouco seu humor. Depois virá o filtro do limpador do tanque do carro que estragou repentinamente e que custa parte de um rim. Neste momento você vai pensar em tocar fogo em todo o planejamento que vinha fazendo. Vai resolver ou piorar?

6.

Unindo as escovas e as contas

Por mais que você seja daqueles que gosta de botar uma música deprê e ficar curtindo a solidão, "unir as escovas" em todo o restante do tempo, inclusive pelo ponto de vista financeiro, será sempre melhor que a melancolia solitária. Se ainda não viu o filme *Na Natureza Selvagem*, fica aí uma bela dica e pule já as próximas linhas, pois vou dar um spoiler! Se já viu, deve lembrar que o protagonista sai pelo mundo sozinho, tentando entender o sentido de tudo e dele mesmo. Quando ele morre (falei pra você não continuar lendo!) ele deixa escrito em cima de um dos livros que estava lendo: "A felicidade só é real quando é compartilhada". Acredito muito nisso!

Compartilhar não só ajuda a vida a ficar bem mais animada, como também é importante para outras tantas coisas, como aquela startup que só sai do papel quando chega o segundo sócio ou as finanças pessoais que só funcionam quando o casal está se organizando junto.

Duas rendas somadas são, obviamente, melhores do que uma na hora de pagar o aluguel e a conta de luz, mas o assunto dinheiro em um casal vai muito além disso, pois se bem cuidado pode ser fonte de muita felicidade. Se mal cuidado, pode ser o responsável pelo fim de um relacionamento. Sua avó já deve ter dito essa: "Quando o dinheiro sai pela porta, o amor sai pela janela". No cinema, o casal vive feliz para sempre sem um puto tostão. Na vida real não é bem assim.

Muitos problemas entre casais iniciam com o dinheiro, mesmo que às vezes ele nem seja percebido como o motivador. A falta dele para o convite ao cinema parece mais falta de romance do que de dinheiro, a falta dele para levar as crianças ao parque parece mais falta de carinho do que de dinheiro. Esses problemas surgem por não saber cuidar do dinheiro e por não falar de dinheiro. Para organizar as finanças do casal tenho quatro sugestões:

a) Divida as despesas do casal proporcionalmente ao salário de cada um. Quem ganha mais pode ajudar com mais.

b) Tenha uma conta conjunta para despesas da casa e contas individuais para despesas individuais. Isso facilita a logística da casa e, mesmo que ambas as contas tenham metas, mantém as individualidades.

c) Realize uma reunião quinzenal sobre as finanças. É muito importante para manter as contas arrumadas e fazer os planos juntos.

d) Construa objetivos de investimentos juntos, como a reserva para emergência que acabei de citar, aposentadoria ou faculdade das crianças.

O poder da dupla é muito forte nos investimentos. Com dinheiro investido em dupla, os objetivos ficam mais fáceis de serem alcançados e um empurra o outro. Sem contar que é muito mais legal comprar aquela bicicleta irada (de dois lugares), fazer aquela viagem (juntos) e chegar na aposentadoria tranquila (de chinelos e mãos dadas à beira-mar).

7.

Chegou a hora de investir bem

Antes de pensar em investir, precisamos fazer sobrar dinheiro para investir. Por isso, a primeira etapa do bom investidor é conseguir fazer as contas fecharem. Passamos essa etapa. Então chegou a hora de entrar no mundo dos investimentos!

Investir bem é o ato de colocar energia no que você conquistou, para construir algo ainda mais valioso para o seu futuro. Independentemente de você ser um biliardário ou ter recém economizado seus primeiros mil reais, você **deve** cuidar dos seus investimentos. Você deve investir bem. Isso fará uma diferença gigante na sua vida.

Temos muita preguiça em cuidar do nosso dinheiro e pensar no nosso futuro. Talvez seja culpa de um passado próximo de hiperinflação, em que planejar o futuro financeiro era bem difícil. Em 1993 (um ano antes do Plano Real), a inflação foi de quase 2.500% ao ano! Isso, 2.500%!

Um exemplo prático? É pra já! Você fez 17 anos e seu avô, que mima você de monte, promete lhe dar um carro assim que fizer 18 anos. Você fica ansioso e sonha com o carro que vai ter. Encontra um lindão, na cor que você quer e na faixa de preço que seu avô disse que pagaria, CR$ 35 mil (sim, você tá lendo cruzeiro real). Um ano se passa e você vai na tal loja comprar o carro que estava CR$ 35 mil. Porém, sabe qual será o preço ajustado à inflação de 2.500%? CR$ 3.7 MILHÕES!

Se seu avô tivesse dado a você os CR$ 35 mil e você tivesse guardado toda essa grana em um porquinho, um ano depois você não compraria nem o tapete do carro. Nestas condições, era muito difícil pensar em planejamento financeiro e investimentos de longo prazo. Mas as coisas mudaram, a inflação às vezes ainda nos perturba, mas não chega perto do pandemônio das décadas anteriores. Então agora você pode e deve se programar. Nas andanças do Papo de Grana e de outras tantas palestras que já ministrei, tive a oportunidade de conhecer os mais diversos tipos de investidores e potenciais investidores e sempre encontrei três grupos principais:

a) O grupo dos que trabalham sem parar, mas não dedicam um segundo da vida para investir bem. A desculpa é a falta de tempo, mas também pode ser desinteresse ou medo. Acabam investindo na poupança, só porque é a solução mais fácil, mesmo que a performance seja horrível.

b) O grupo dos que entram rápido no internet banking ou no site da corretora e escolhem alguns fundos com base em algum histórico de retorno. Com isso investem em produtos errados para seus objetivos e perfis.

c) O grupo dos que confiam cegamente nas dicas de gerentes ou assessores e então investem em algo que, talvez, não seja a melhor opção pra eles e sim a melhor opção para quem está vendendo.

Qual grupo investe bem e qual investe mal? A grande maioria acaba sempre investindo mal. Vou explicar.

Os sem tempo

Você perde muito tempo de vida ao não ter tempo para dar o mínimo de atenção ao seu dinheiro. O último capítulo do livro é dedicado a esse tema, por isso não vou me prolongar agora, mas deixar o dinheiro na conta corrente ou na poupança, enquanto diversos outros produtos entregam performance melhor, com a mesma segurança, não é uma boa decisão.

Cada segundo que você deixa seu dinheiro investido em algum produto ruim, seja porque você não tem tempo, porque é mais prático, porque você não gosta ou porque você tem medo, está perdendo uma bela oportunidade de acumular dinheiro com mais velocidade.

Os analistas de internet

Não é uma boa decisão entrar rapidinho no internet banking ou no site da corretora e comparar rentabilidade do último mês de alguns Fundos de Investimento ou taxa de algum CDB. Claro que já é muito melhor do que deixar parado na poupança, mas para investir bem você precisa construir um portfólio condizente com seu perfil e objetivo. Se você vai precisar de recursos no curto prazo, seu portfólio precisa ter produtos que possam ser facilmente resgatáveis e que não corram risco de oscilação grande nos preços. Mas se você não vai precisar, pode investir em produtos que tenham volatilidade maior e que possam dar um retorno maior no futuro.

Comentário: Volatilidade significa sobe e desce. Quando um produto é muito volátil significa que ele pode ter uma variação grande de preços.

Vou aproveitar que falei sobre curto e longo prazo para provocar você. Depois falo em mais detalhes sobre construir objetivos, mas não posso perder a oportunidade.

Primeira provocação: Se você perdesse o emprego hoje ou sua empresa quebrasse, por quanto tempo conseguiria aguentar sem ter que pedir dinheiro emprestado até conseguir uma nova fonte de renda? O seu carro tem seguro, se bater tá tudo bem, mas se perder o emprego ferrou. É isso?

Segunda: Se você parasse hoje de trabalhar, por quanto tempo conseguiria sobreviver? Ou se parasse de trabalhar daqui a 10, 20 ou 30 anos? Sabe de onde viria a sua renda mensal?

A primeira é uma provocação sobre o curto prazo, a segunda, sobre o longo prazo. Você tem planos para os dois? Quando pergunto isso no Papo de Grana, 70% das pessoas dizem que não têm.

A falta do cuidado com o curto prazo é o que faz com que existam mais de 60 milhões de brasileiros endividados, segundo o Serasa. E não é só uma continha de celular esquecida e não paga, a média é de quatro contas vencidas por pessoa.

Se você está nesse buraco sem fim, renegocie as dívidas com um pagamento de longo prazo (normalmente as empresas aceitam). As dívidas com juros mais altos têm de ser as primeiras a serem pagas. Corte o cartão de crédito em pedacinhos e viva com dinheiro em espécie. Venda bugigangas da sua casa e o carro (se é fundamental para trabalhar, troque por um mais barato recebendo a diferença).

Refaça as contas da casa e corte tudo o que for supérfluo até zerar as dívidas. Sim, até o cinema do fim de semana está cancelado.

Se você não está nesse buraco, não deixe isso acontecer e planeje o curto prazo. Vou ensinar a construir essa reserva para gastos de curto prazo e emergências no capítulo 9.

O longo prazo é também muito negligenciado pelo motivos que já citei: é chato demais pensar em váááários anos à frente. É chato demais abrir mão de ser feliz no presente por algo no futuro. É simplesmente chato demais!

Mas, saiba de uma coisa. Você vai demorar um monte para morrer. No início do século 20 a expectativa de vida era de menos de 35 anos, e agora se fala em expectativa de vida acima dos 90 anos em 2030. Portanto, se você não planejar o longo prazo, vai chegar nos 60 anos e ter ainda outros 30 anos pela frente de bolsos vazios. Não cometa uma burrada contra o seu eu futuro. É claro que você não precisa abandonar o seu eu presente, tem que dar atenção pra ele também, mas cuidar do futuro é um importante gesto de amor para a sua versão mais grisalha. É também no capítulo 9 que vou falar sobre como planejar o longo prazo.

Os enganados

Eu sei que a palavra "enganados" pode parecer agressiva, mas eu preciso ser muito direto e falar sobre o conflito de interesses gigante que existe no mundo dos investimentos e como muitas pessoas são realmente enganadas por diversos bancos e corretoras.

Quando o assunto é investimentos, confiar 100% no banco não é uma boa ideia. A pessoa que vai te atender, o gerente, mesmo sendo aquele da modalidade "exclusiva", é um funcionário do banco, não é seu funcionário. Então, obviamente, ele está alinhado com o banco e não com você. Não é culpa dele. O banco cobra metas, cobra que ele maximize a receita em cima de você. Em alguns lugares, se você não deixar um ROA (return over asset – retorno sobre valor investido) mínimo para o banco, você nem é considerado como um cliente para contar pontos no bônus anual de quem está te atendendo. E por isso será normal que você receba sugestões de planos de previdência horríveis, CDBs com péssimos retornos, títulos de capitalização "maravilhosos" e fundos de investimento com taxa de administração altíssima.

Para mostrar o conflito de outra forma, vou sair do mundo dos investimentos. Imagine comigo se na indústria médica fosse da mesma forma. Você não paga a consulta, mas o médico ganha comissão nos remédios que ele indica e você compra direto dele. Você sentiria confiança na indicação do médico? Difícil, né? Existiria uma grande possibilidade de você entrar no consultório tendo apenas uma dor de cabeça, que seria resolvida com uma aspirina de R$ 1, mas sairia do consultório com um remédio para uma infecção chamada "furto dos rins", outro para uma ainda não aparente mas já antecipada inflamação nos joelhos, mais um para uma má função no nariz e até outro para uma provável dor no cabelo. Sim, inventariam remédio pra isso se pagassem boa comissão (no mercado financeiro surge um desses "remédios" por dia). A conta seria uns R$ 10 mil em remédios, gerando uma boa comissão para o médico.

Eu tenho um bom exemplo de um "remédio" caro que é bastante receitado no mundo dos investimentos. É um dos maiores fundos de investimentos do Brasil, distribuído por um grande banco. Este fundo cobra uma taxa de administração perto de 4% ao ano em uma estratégia bem básica, sendo que acima de 1% de taxa já seria um roubo.

Se você investir R$ 40 mil neste fundo durante 15 anos, vai pagar quase R$ 30 mil só em taxas. O justo seria pagar no máximo do máximo do máximo R$ 8 mil. São R$ 22 mil que você paga a mais por ser "bem" assessorado.

Comentário: Um outro grande fundo de investimentos do país de outro grande banco também cobra os 4% de taxa ao ano. Mas o público-alvo deste fundo são as prefeituras e governos. Pois é. Significa que o dinheiro dos seus impostos também pode estar sendo mal investido.

Reforço que não dá para culpar quem indica. Existe um produto para vender, metas para bater, o chefe (para o qual explicações precisam ser dadas) e a reunião semanal (onde são apresentados os números de vendas para todos ouvirem). Mas, no fim das contas, de quem é a culpa pouco importa, pois quem acaba comprando produtos ruins, quem acaba pagando do bolso, quem acaba sendo prejudicado é você.

As pessoas veem as sedes suntuosas dos bancos e se sentem seguras, mas nem se dão conta de que foram elas que pagaram. A próxima vez que vir um piso de mármore bonitão em uma agência, lembre-se que foi o seu suor que pagou por ele.

E não se engane se você investe através de uma corretora, se for impactado pela propaganda de custo zero de assessoria ou mesmo se tiver um atendimento Private em Miami ou Nova York. Todos têm o mesmo problema da pessoa que atende no banco. A remuneração vem também pela comissão pelo produto indicado e isso é o suficiente para pôr qualquer recomendação em xeque. Sem saber, por exemplo, você vai deixar na mesa parte da remuneração (spread) em produtos de renda fixa e vai receber ofertas ótimas, como o incrível COE do mês. Um tipo de produto estruturado que, em alguns casos, pode ser um bom produto, mas em outros é um gerador de uma comissão tão grande que deixaria o tal fundo de taxa absurda que eu citei agora há pouco na terceira divisão.

Você pode até estar achando que estou pegando pesado demais, mas não estou. Eu estive nesse lado da indústria e por isso posso falar com propriedade. Nos EUA, a indústria de investimentos evoluiu já faz um bom tempo. A grande mudança não é que as pessoas por lá investem através de corretoras, ao contrário daqui onde as pessoas investem através dos bancos. A grande mudança é o modelo de como a ampla maioria dos distribuidores de investimentos é remunerada nos EUA.

Se por aqui o conflito de interesses no mundo de investimentos existe porque quem indica o produto de investimento ganha comissão no produto indicado (fazendo com que um fundo de investimentos com taxa de administração de 4% seja mais indicado do que um fundo com a mesma estratégia mas com taxa de administração de 0.5%), nos EUA quem distribui investimento é remunerado pelo serviço de gestão do valor investido. O profissional cobra um % anual para construir para você os melhores portfólios de investimento, criando com você seus objetivos e escolhendo para cada objetivo os melhores produtos, sem ganhar comissão pelo produto sugerido. Com isso você tem do lado uma pessoa que está sugerindo um produto de renda fixa ABC ou um produto de ações XYZ porque **são os melhores para você.** Ela estará sempre alinhada em trabalhar para fazer seu patrimônio aumentar.

A diferença é simples, mas muda todo o jogo. **Se a remuneração vem do produto, o conflito está ali, se a remuneração não vem do produto, a relação é correta.**

Já viu o filme *O Lobo de Wall Street*? Nele, Leonardo DiCaprio interpreta o dono de uma empresa de investimentos, cheia de vendedores empurrando ações de empresas horríveis para os clientes, fazendo eles pagarem comissões gigantes. É o broker, é o remunerado por comissão, e este modelo está praticamente sepultado nos EUA.

A grande indústria de distribuição de investimentos existe através do RIA (registered investment advisor), que é o tal profissional que mencionei que cobra um % anual para fazer a gestão do portfólio. E a notícia boa é que isso está ganhando força no Brasil.

Existe uma nova indústria de investimentos por aqui, com plataformas digitais que funcionam através desse modelo correto de comissão na gestão do patrimônio investido. Neste caso, o conflito nem consegue entrar pela porta da empresa, e por isso a relação é 100% correta.

A experiência é digital, da criação de objetivos até o investimento, e o conflito é zero. Mas se você não é adepto ao mundo digital e prefere lidar com uma pessoa para ajudar com seus investimentos, a CVM criou recentemente (nov/2017), através da instrução 592, a figura do Consultor de Investimentos CVM. O profissional de investimentos que é remunerado pelo modelo de % sob valor investido. O que a CVM fez foi criar o "RIA brasileiro". Essa profissão é gigante nos EUA e deve crescer por aqui. Como achar esse consultor?

Eu tenho acesso a muitos deles, mas ainda não existe um portal onde você pode encontrar o mais próximo de você. Prometo que vou colocar isso de pé. Até lá, me mande um e-mail (ajuda@warrenbrasil.com) que será um prazer ajudar a encontrar um para você.

Começar a investir bem é dedicar um tempinho da sua vida pra isso. É escolher os produtos certos para seus objetivos. É contar com uma empresa de investimentos que esteja alinhada com você.

8.

Um exército de juros

Eu sei que grande parte do que você ler neste livro será perdida. Isso é normal. Mas posso pedir um grande favor? Guarde este capítulo! Reserve um espaço especial pra ele. Aliás, nem precisa ser o capítulo todo. Pode ser apenas esta frase:

Sua missão é parar de trabalhar pelo dinheiro e fazer o dinheiro trabalhar para você.

É isso… só isso.

A maioria absoluta das pessoas trabalha a vida toda atrás de dinheiro, desperdiçando oportunidades de fazer o dinheiro trabalhar por elas. Você precisa construir seu exército de soldadinhos multiplicadores de juros. Eles é que precisam trabalhar gerando rendimentos para você. Como?

Bem, é nessa hora que eu posso estragar vários sonhos. Basicamente, o que você deve fazer é parar de desperdiçar seu dinheiro em passivos e focar em colocá-lo em ativos.

Por que estrago sonhos? Porque ter uma casa é um passivo, ter um carro é um passivo e fazer uma festa de casamento também. Calma! Não procure um lixo para tocar o livro nele. Vou explicar melhor. Não me abandone, por favor. O que acontece é que um casamento no Brasil custa em média R$ 200 mil. Este valor investido em produtos conservadores, com uma rentabilidade ao ano de 4% acima da inflação, renderia uma parcela vitalícia de R$ 700 por mês.

Então o casamento não custou R$ 200 mil e sim uma parcela eterna (sim, por toda a eternidade) de R$ 700 por mês. Esta renda faria diferença no seu orçamento mensal? Se sim, que tal pensarmos em um casamento mais criativo?!

É claro que temos que ser felizes. Não adianta passar a vida toda acumulando dinheiro e não ter realizado diversos sonhos que gostaríamos. Mas também não é uma boa escolha trabalhar por um tempão e gastar em uma noite um valor que seria importante para o futuro do casal.

Por isso, se o seu sonho ou do parceiro é ter um casamento lindão, ótimo! Use a criatividade para diminuir os custos. Faça esse casamento ser um momento importante, mas que não atrase sua vida financeira. E me convida pra festa que eu levo a bebida.

Rentabilidade, rendimento, retorno, são todas formas de dizer quanto um investimento que você fez vai entregar de recompensa. Se você investir R$ 10 mil a um retorno de 1% ao mês, significa que vai ganhar R$ 100 de retorno no mês.

A inflação vai comendo o poder de compra do dinheiro, por isso, o retorno de um investimento deve ser medido pelo quanto ele entrega acima da inflação. Isso se chama juro real ou retorno real, e vou falar mais sobre isso no capítulo 14.

Com retorno ao ano de 7% (possível através de um portfólio conservador com produtos de renda fixa) e inflação de 3%, você consegue um retorno de 4% ao ano acima da inflação.

O carro, exceto se você dirige para o Uber, Cabify, 99 ou outros, é também um passivo. É luxo, comodidade e um grande sugador de dinheiro. Quanta gente faz hora extra, se sacrifica para fazer sobrar uma graninha pra depois torrar em um carrão mais bacanudo?! Conheço vários! Apenas para reforçar, não estou falando de ativos e passivos com a cabeça contábil. É claro que no seu imposto de renda, se você tiver um carro ele entrará como um ativo, é um bem que você tem. Estou falando de ativos e passivos pela ótica do retorno financeiro que proporcionam.

Um carrão maior não vai ajudar você a construir seu exército dos juros. De fato, eu não entendo quando alguém dá os parabéns para quem acaba de comprar um carro. Certa vez eu recebi os parabéns e fiquei ainda mais revoltado comigo mesmo. E note, eu não tinha comprado um carro novo, aliás, nunca comprei um na vida. O fato de, imediatamente após a compra, um carro zero já valer 10% a 20% menos pra mim sempre foi muito mais forte do que o tal "cheirinho de carro novo". Minha revolta pessoal aconteceu porque eu já tinha um carro que servia para a minha rotina, mas ainda assim eu decidi comprar um maior. E daí receber aquele "parabéns pelo carro" acabou entrando no meu ouvido como "você é mesmo uma mula".

Um exemplo em números. Se você tivesse hoje na mão R$ 100 mil e usasse metade para comprar um carro e a outra metade para investir. O carro vai depreciar em média 10% ao ano, e se você obtiver um retorno dos mesmos 10% ao ano de rentabilidade, tem ideia do que aconteceria em 5 anos?

	Carro	Investimento
	R$50.000	R$50.000
1 ano	R$45.000	R$55.000
2 ano	R$40.500	R$60.500
3 ano	R$36.450	R$66.550
4 ano	R$32.805	R$73.205
5 ano	R$29.524	R$80.525

O carro em 5 anos estará valendo R$ 29.524,50, enquanto o investimento estará valendo R$ 80,525,50. São R$ 51 mil de diferença. São R$ 10 mil por ano. São R$ 850 por mês.

Eu não gosto de acumular sugadores de dinheiro, gosto de acumular geradores de dinheiro e sempre fiz essa conta antes de qualquer compra maior. "Quanto isso que estou gastando me geraria eternamente por mês em juros?" Já que falei do meu exemplo do carro, deixa eu também falar do meu exemplo de festa de casamento. Quando estava com minha esposa planejando o nosso casamento, apresentei exatamente essa conta de quanto de juros estaríamos deixando pra trás. Imediatamente a convenci a diminuir o budget para 25% do que estava combinado.

E olha só, nosso casamento foi sensacional, tá!? Casamos na Itália, com direito à gravação de um programa do GNT, e foi bem mais barato, bem mais barato mesmo do que qualquer casamento médio no Brasil. Quando você percebe o valor do dinheiro e entende que a missão é parar de trabalhar por ele e sim fazer ele trabalhar por você, o exercício de identificar sugadores e geradores de dinheiro é fácil.

Quando colocamos dinheiro em algo que só vai sugar mais dinheiro, é um passivo. Quando colocamos dinheiro em algo que vai nos trazer mais dinheiro, é um ativo. É o exército de juros que vai trabalhar ao nosso lado fazendo o dinheiro se multiplicar. Crie esse exército! Faça o dinheiro trabalhar para você. Investir em renda fixa e ações é colocar dinheiro em um ativo. Investir em um negócio é colocar dinheiro em um ativo. Comprar um carro é enfiar dinheiro em um passivo. E uma casa, o que é? Exceto se você transformar sua casa em uma pousada ou tirar uma bela receita dela no Airbnb, é também um grande passivo.

"Mas meu sonho é ter minha casinha, com minhas coisas e fugir do aluguel".

Vou analisar esse sonho em partes e a análise será longa, pois esse papo de imóveis dá uma bela discussão. Primeiro, se você tem realmente o sonho de ter sua casa: você quer ter raízes. Quer dar nome próprio para cada um dos tijolos da parede. Quer que seus netos conheçam o chão em que seus filhos (os pais deles) fizeram cocô pela primeira vez. Quer ser conhecido no futuro como o morador mais tradicional do bairro. Bem, você tem mais é que ter mesmo um imóvel, ser feliz e não dar bola para qualquer argumento contrário.

Mas, se este não é bem o caso, saiba que ter o patrimônio empatado em um imóvel não vale muito a pena por diversos aspectos, tanto em uma compra à vista quanto financiada. Em uma compra à vista, o que você precisa observar é o custo de oportunidade. Digamos que o imóvel que você quer comprar (ou que você já tem) esteja custando R$ 500 mil, mas o aluguel do mesmo imóvel custe R$ 1.500. Isso significa que o aluguel custa 0.3% do valor do imóvel, ou seja, (1.500/500.000)X100. Compare esse 0.3% ao mês com o retorno de alguns investimentos. Por exemplo, a poupança, que é um dos piores, está pagando ao redor de 0.45%. Isso significa que deixar os R$ 500 mil na poupança renderia R$ 2.250 e, com isso, você pagaria o aluguel de R$ 1.500 e ainda sobrariam R$ 750.

Pergunta tradicional dos Papos de Grana: "Mas teria que botar na conta que os preços dos imóveis sempre se valorizam, né?".

Minha resposta: não. Em 2017, por exemplo, os preços caíram. E desde a década de 70 os preços somente acompanham a inflação, com alguns anos de vitórias e outros de grandes derrotas.

Em uma compra a prazo tudo depende da taxa de juros do financiamento. Atualmente ela gira ao redor de 9% ao ano, isso significa que por um imóvel de R$ 500 mil em 30 anos você pagará R$ 1,4 milhões. A parcela em média será R$ 4 mil. Se ao invés de pagar a parcela do financiamento você pagasse o aluguel de R$ 1.500, sobrariam R$ 2.500 no mês. Pegando esse valor que sobra por mês e investindo em um portfólio diversificado entre renda fixa e ações por 30 anos (o prazo do seu financiamento), supondo um retorno médio anual de 9% e uma inflação de 3%, ou seja, rendimento acima da inflação de 6% ao ano, você teria acumulado um montante superior a R$ 2,5 milhões.

Comentário: O retorno estimado de 9% ao ano se dá através de um portfólio moderado com mix de renda fixa e renda variável.

Resumindo:

a) Caso tivesse optado pelo financiamento, em 30 anos teria um apartamento de R$ 500 mil; supondo que ele seja corrigido pela inflação de 4% ao ano, estaria valendo R$ 1,6 milhões. Ou:

b) Em 30 anos, teria um montante acumulado de mais de R$ 2,5 milhões (já descontando o efeito da inflação) se tivesse optado por alugar e investir a diferença do aluguel para a prestação.

Com uma taxa de juros mais baixa, a conta pode mudar, e foi isso que aconteceu comigo quando morei nos Estados Unidos. A taxa do financiamento estava baixíssima e por isso comprei meu apartamento por lá.

Saindo um pouco dessa matemática toda, outro ponto negativo é a liquidez. Se por algum motivo você quiser se mudar, seja porque não gostou do bairro, porque o vizinho é barulhento ou porque decidiu viver na Austrália, vender um imóvel não é algo que normalmente acontece rápido e você morre em uma comissão gordinha paga aos intermediários.

O motivo da necessidade de vender pode ser outro, como o fim de um casamento. Em média os casamentos no Brasil duram 7 anos e os financiamentos duram 30! Mais um motivo para não ficar preso (ao imóvel, claro).

Pergunta tradicional dos Papos de Grana: "Mas e quando você compra na planta um terreno barato e depois surge um bairro legal e o terreno se valoriza?".

Minha resposta: certo. Realmente, se você comprar por R$ 50 mil um terreno em um loteamento que depois de 10 anos se torne o Itaim Bibi, o Leblon, Lourdes, Jaqueira, Moinhos de Vento, Jurerê, Batel ou algum outro bairro nobre e o terreno passa a valer R$ 1 milhão, é um golaço. Mas pode ser que nesse meio-tempo construam um presídio do lado do seu terreno, e daí ao invés de vender por R$ 1 milhão, você não conseguirá nem mil reais. Então esse negócio de comprar na planta pode dar muito certo ou pode dar muito errado. Se você tiver uma oportunidade dessas na mão, avalie bem o risco.

Pergunta que eu juro que aconteceu uma vez em um Papo de Grana: "Mas se o imóvel não é meu, como vou receber visitas?".

Minha resposta: você pode receber visitas em um imóvel alugado. Você não precisa pedir permissão para o proprietário ou mandar antecipadamente uma lista de presença. Para reformas mais complexas é que você precisa da permissão.

Afirmação que ouvi em um Papo de Grana: "Mas esse negócio de deixar o dinheiro no banco é muito virtual, pois tecnicamente o meu apartamento estará depositado no banco!".

Meu comentário: primeiro, deixe seu dinheiro na Warren, que é uma solução muito melhor que o banco. Mas, se o problema é ser virtual demais, faça o seguinte: uma vez por mês resgate R$ 10 mil em notas pequenas. Sente a grana, dá uma cheirada nela, vê que é real e depois deposita novamente. Será quase como passar a mão no tijolo e chamar de seu.

Finalizando a polêmica dos imóveis. Se vale mais a pena alugar um imóvel do que comprar, então comprar imóveis para alugar pode acabar por ser um investimento nada interessante. A conta que mostrei agora há pouco serve também para este caso. Se um apartamento custa R$ 500 mil e você aluga ele por R$ 1.500, sua remuneração ao mês será 0.3%. Se você comprar uma sala comercial por R$ 370 mil e alugar ela por R$ 1.200, sua remuneração ao mês é 0.32%. Compare com o retorno de outros produtos, avalie o risco de vacância (o imóvel ficar sem inquilino e você ter que arcar com os custos de condomínio e impostos) e chegue à sua conclusão. Novamente, pelo ponto de vista racional não vale muito a pena, mas reforço que você precisa ser feliz. Cito o caso de uma pessoa que esteve no primeiro Papo de Grana no Rio de Janeiro. Um senhor que já estava aposentado, tinha 12 imóveis que davam uma renda mensal de R$ 15 mil e ele adorava toda a função de gerenciar os imóveis.

Perguntei quanto ele conseguiria se vendesse todos os imóveis e ele comentou que seria entre R$ 8 ou R$ 9 milhões. Fazendo a conta, ele teria um retorno maior investindo em qualquer produto superconservador de renda fixa, mas a diversão dele era cuidar dos imóveis. Às vezes, por mais que os números mostrem um caminho, é melhor seguir o coração e fazer o que nos deixa feliz.

E agora, realmente finalizando o assunto. Trago uma notícia boa para quem quer investir em imóveis. No mercado financeiro existem os Fundos Imobiliários. São fundos focados em investir em ativos relacionados ao mercado imobiliário. Eles podem comprar desde prédios comerciais inteiros em zonas urbanas (construídos ou em construção) até imóveis rurais ou residenciais. Muitos fundos imobiliários distribuem renda mensal da mesma forma que você teria ao receber o aluguel de uma sala comercial. Mas a semelhança encerra aí, pois eles têm diversas diferenças que mitigam alguns dos problemas que eu citei acima. Por exemplo: com pouca grana (menos de R$ 100) você pode investir em um fundo imobiliário. Isso significa que facilmente você pode diversificar seus investimentos. E você também tem agilidade em investir e resgatar a qualquer momento. Sem contar que não precisa se preocupar em cobrar o aluguel do fulano ou se sicrano pintou direitinho a parede da sala quando foi devolver a sala.

Chega da discussão sobre imóveis e vamos voltar para os ativos X passivos.

Trabalhar enlouquecidamente juntando dinheiro para comprar coisas que vão fazer você perder ainda mais dinheiro não é uma boa decisão. Repito, você precisa parar de trabalhar para o dinheiro e fazer que ele trabalhe pra você. Existe uma frase conhecida e cruel, mas muito verdadeira: "Ricos compram ativos, pobres só têm despesas e a classe média compra passivos achando que está fazendo investimentos".

Então, já que o carro é um passivo, é uma despesa e despesas não devem ser comemoradas, da próxima vez que um amigo comprar um carro, não dê parabéns, dê os pêsames.

Trabalhar enlouquecidamente juntando dinheiro para comprar coisas que vão fazer você perder ainda mais dinheiro não é uma boa decisão.

9. ———

Investindo por caixinhas (objetivos)

Aposentadoria, ter uma reserva para emergências, investir para a educação dos filhos, abrir um negócio, são todos exemplos de objetivos de investimentos que qualquer investidor pode construir, independentemente do nível de conhecimento sobre mercado financeiro ou perfil.

Nos eventos do Papo de Grana surgem os mais diversos tipos de objetivos. O campeão é a aposentadoria, todo mundo quer ter um patrimônio confortável quando chegar a hora de diminuir o ritmo de trabalho, mas existem vários outros, como: comprar o apê, ser milionário, dar a volta ao mundo, pagar o casório, faculdade das crianças, abrir minha empresa, pensar o dia todo, comprar uma fazenda, mandar meu chefe a m..., viver em um motorhome, fazer o que quiser, comprar um helicóptero e até comprar o Acre (me perdoe se você que está lendo é do Acre, mas tem gente com objetivo de comprar o seu estado, juro).

A forma correta de investir é através de objetivos, mas não é assim que acontece nos bancos e corretoras. Você entra lá, carimbam na sua testa "conservador" e a partir daí todos os investimentos são sugeridos em cima disso. Se você tem um objetivo de longo prazo, que precisaria uma alocação em ações para trazer mais performance, esqueça, para os bancos e corretoras você é conservador, e por isso só merece um fundo de investimentos superconservador.

Objetivos de curto prazo, independentemente do perfil do investidor, precisam de portfólios de curto prazo, com possibilidade de resgate a qualquer momento, sem volatilidade. Objetivos de longo prazo precisam de performance. O perfil do investidor conta, mas para aumentar ou diminuir a dose de produtos com mais performance e não para impedir a entrada deles.

Os dois objetivos de investimento básicos que todos precisam ter são: reserva de emergência e aposentadoria. Claro que você pode ter tantos outros quantos quiser, mas esses dois são fundamentais. Se você já tem o patrimônio acumulado para os dois, ótimo. Mas não esqueça de separar ambos em caixinhas diferentes, pois ambos precisam de produtos diferentes. Colocar um desenho de caixinhas com produtos diferentes dentro.

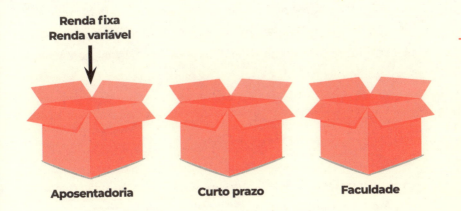

Reserva de emergência

Você já vivenciou uma situação de estresse financeiro na qual teve que assassinar aquele cofrinho cheio de moedas? Pois é, para esses momentos você precisa construir uma reserva de emergência.

Já que a vida é uma caixinha de surpresas, o ideal é você se adiantar: inverter o jogo e reservar um dinheiro para as adversidades financeiras que surgirem.

O usual é conseguir acumular entre três a seis meses do seu salário. Então, se você recebe R$ 5 mil por mês, precisa acumular pelo menos R$ 15 mil nesse cofrinho. Por ser um objetivo de curto prazo e que pode ser utilizado a qualquer momento, a alocação ideal dele é ser 100% em produtos de renda fixa sem oscilação, como os Títulos do Tesouro Pós-fixados (Tesouro Selic) ou Fundos de Investimento com essa característica.

O ideal é ter esse objetivo criado rápido. Sugiro três anos no máximo pra ter todo o valor que você precisa reservado e investido.

Se o objetivo for R$ 15 mil, com R$ 5 mil de investimento inicial e R$ 250 de investimento mensal você chega lá, supondo uma performance ao ano de 7% e retirando uma inflação de 3%, ou seja, rendimento acima da inflação de 4% no ano. Deitar a cabeça no travesseiro e pensar que, se algo acontecer, você terá um dinheirinho de emergência guardado lhe trará o sono dos justos. Este é o primeiro objetivo que você precisa criar.

Aposentadoria

Você já imaginou como será sua vida aos 60, 70 ou 80 anos? O que estará fazendo, o que gostaria de estar fazendo e, principalmente, o que não gostaria de estar fazendo? Eu responderia: "Não quero ter que trabalhar para pagar as contas". Note, não estou dizendo "não trabalhar", mas sim não ter que depender do trabalho para sobreviver.

Ninguém quer ter essa obrigação no futuro. O sonho é viajar pelo mundo morando uma semana em cada canto, virar padeiro, mas não pela grana e sim porque você ama o processo, ir na sessão do cinema na segunda-feira à tarde e ter toda a sala só para você.

É claro que a maior parte da busca por uma vida feliz é trabalhar com o que ama em algo que tenha um propósito em que você acredite. Aí naturalmente o dinheiro vem como complemento. Mas buscar a aposentadoria, que poderíamos chamar de "dia da liberdade financeira", é mirar no dia em que você não dependerá do trabalho para ter dinheiro, pois o dinheiro é que estará trabalhando por você.

Esse é o segundo objetivo de investimentos que você precisa criar, o seu Dia da Liberdade Financeira (sua aposentadoria). Para isso, você precisa juntar um patrimônio do qual você vai retirar o seu sustento. Quanto juntar?

Existem duas formas de montar essa estratégia. Uma é acumulando um capital do qual no futuro você vai retirar o principal e os juros (chamo isto de MONTE), e outra é acumular um capital de onde você vai retirar apenas os juros (chamo de RENDA). A primeira é mais fácil, mas o dinheiro acaba. A segunda é mais difícil, mas o dinheiro nunca terminará. Vou explicar as duas e depois você decide por onde seguir.

Na primeira, Monte, você vai literalmente acumular uma montanha em dinheiro e, quando se aposentar, vai começar a tirar partes deste monte para viver. O tamanho do monte a acumular depende do seu gasto mensal e da sua expectativa de por quanto tempo vai gastar. Por exemplo, se você acumular R$ 60 mil e gastar R$ 5 mil por mês, então seu monte vai durar 12 meses. O gráfico seria como este da página seguinte.

De janeiro a dezembro do primeiro ano você foi acumulando os R$ 60 mil e então, de janeiro a dezembro do segundo ano, você foi tirando os recursos do seu monte, que foi encolhendo até chegar a zero. Eu não adicionei no gráfico o efeito dos rendimentos em cima do valor acumulado. Com um rendimento de 6% ao ano, no final dos 12 meses, o valor acumulado seria R$ 64 mil.

E a partir do momento que você começar a gastar o valor acumulado, o efeito dos juros ainda segue funcionando, e por isso a linha de queda do seu monte é um pouco diferente, como você pode observar no gráfico abaixo.

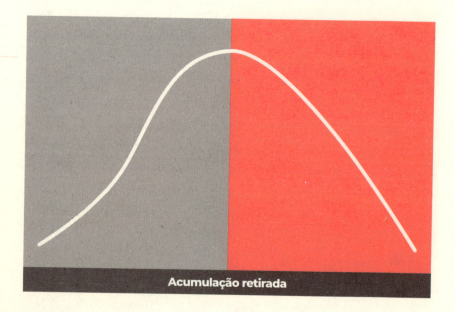

No site papodegrana.com você pode fazer o download da planilha para fazer o seu planejamento.

Vamos à segunda forma, Renda Mensal. Nesse formato você acumula uma montanha tão grande que os resgates que fizer mensalmente nunca fazem a montanha diminuir, pois os rendimentos de todo o valor acumulado conseguem ser sempre maiores.

Sua montanha estará sempre lá, gerando eternos rendimentos para você, filhos e netos. Muito melhor, né? Mas claro que a jornada é mais difícil. Por exemplo, se você tem uma despesa mensal de R$ 1 mil e quer se aposentar recebendo este mesmo valor no futuro, supondo um retorno de 4% ao ano acima da inflação, você precisará juntar R$ 300 mil em investimentos.

Usei o exemplo de R$ 1 mil para facilitar as suas contas. Se quiser ter uma renda mensal de R$ 10 mil, basta multiplicar o valor a acumular por 10. Então R$ 300 mil X 10 = R$ 3 milhões.

Se quiser ter uma renda mensal ou um complemento de renda de R$ 3.500, multiplique o valor a acumular por 3.5 (R$ 300 mil vezes 3.5 = R$ 1 milhão). Então, se você tem 35 anos hoje e quer se aposentar com 60 anos, teria que começar investindo R$ 80 mil e investir mensalmente R$ 950 a um retorno médio anual de 9%[1] e uma inflação de 3%, ou seja, rendimento acima da inflação de 6%, para em 25 anos chegar ao seu R$ 1 milhão.

Comentário: A inflação estará mais detalhada no capítulo 14, mas para explicar melhor o cálculo acima, preciso falar um pouco dela agora. Se durante 25 anos você investir inicialmente R$ 80 mil e mensalmente R$ 950 a um retorno anual de 9%, você vai acumular R$ 1,8 milhão. Porém, se a inflação anual for de 3%, significa que em 25 anos para ter o mesmo poder de compra que R$ 1 milhão dá hoje, você terá que ter R$ 1,8 milhão.

---

1 O retorno estimado de 9% ao ano se dá através de um portfólio moderado com mix de renda fixa e renda variável.

Eu já mencionei que ter R$ 1 milhão em investimentos lhe dá o poder absoluto do "f*da-se". Para chegar neste valor você precisa de uma tríade de tempo, valor e portfólio. Vou comentar sobre isso no próximo capítulo, mas antes de terminar este, quero reforçar sobre a importância de investir por objetivos e principalmente quando estipulamos metas para eles.

Ter uma meta é importante pra realizar muita coisa, como ler 10 livros, emagrecer 5 quilos, aprender a falar tailandês ou chegar no tal R$ 1 milhão. E, se as metas tiverem a variável *tempo*, melhor ainda. Ler 10 livros no ano, emagrecer 5 quilos até o próximo verão, falar tailandês em seis meses, chegar no R$ 1 milhão em 20 anos.

Essa variável tempo é tão importante quanto seu perfil de risco na hora de saber em qual portfólio investir. Se seu objetivo é fazer uma viagem em 1 ano, por mais arrojado que seja seu perfil, como o prazo é curto, o ideal é que você invista em produtos sem risco de oscilação de preços, como os Títulos do Tesouro Pós-fixados, por exemplo. Mas, se seu objetivo é chegar em R$ 1 milhão em 20 anos, mesmo que você tenha um perfil sendo super-conservador, é interessante ter parte de ações no seu portfólio. Elas trazem mais sobes e desces, mas trazem também muito mais performance.

Com o objetivo definido e o prazo, você cria o plano, que é quanto você vai investir inicialmente e quanto vai investir mensalmente. Seguir esse plano vai demandar disciplina. Você vai precisar disso, não adianta torcer o nariz. Construir seus objetivos precisa ser responsabilidade sua. Tem que estar sob o seu controle. Principalmente o seu patrimônio de longo prazo (sua aposentadoria). Não dependa de terceiros, muito menos do governo.

A maioria das pessoas que conheço nos eventos do Papo de Grana não planeja o futuro. Eu até entendo, nós vivemos uma vida imediatista. É tudo pra ontem. Minha mãe chama de "a geração botão", que quer tudo pronto ao alcance de um clique. Mas planejar o futuro não é bem assim. É um compromisso de longo prazo, que demanda uma boa dose de paciência e outra maior de disciplina. Às vezes não será fácil, mas é preciso.

Chegar aos 70 anos com um nível de despesas maior do que o patrimônio acumulado não é legal. Em uma idade cuja única preocupação deveria ser o direito de aproveitar a vida, a praia, o cinema e os netos, ter que fazer concessões é única e exclusivamente responsabilidade de falta de planejamento.

Se é tão importante construir esse patrimônio de longo prazo, por que as pessoas não fazem? Volto ao "geração botão". A maioria dos esforços são feitos quando se consegue perceber, quase que imediatamente, a recompensa. Por exemplo: algumas mulheres fazem um super-regime em novembro e dezembro para ficarem bonitonas no verão. A condição de se sentirem confortáveis com o biquíni recompensa o sofrimento de passar fome.

Deixar de jantar fora algumas noites e controlar as compras no mercado para poder viajar são esforços que se justificam na hora em que pegamos o avião para uma viagem de férias. Mas deixar de comprar um relógio, de trocar o carro ou cancelar algumas idas ao cinema em prol de uma recompensa que só virá em 20 ou 30 anos é pouco perceptível e por isso mais difícil de realizar. Se as pessoas percebessem que terão de baixar bruscamente seu padrão de vida na terceira idade ou vislumbrassem o quão fantástico é chegar no Dia da Liberdade (ou dia do f*da-se, como quiser chamar), talvez a relação de prioridade versus urgência ficasse mais presente.

10. —

Tempo, valor, portfólio

Para chegar nos objetivos de investimento, são necessários três itens: tempo, valor aplicado e portfólio (onde investir).

Tempo

O tempo é como uma bola de neve que começa pequena no topo da montanha. Conforme ela vai descendo, mais neve vai se somando a ela e mais neve e mais neve. Quando ela chega no final da montanha, está gigante. Tecnicamente, isso se chama juro composto. Você começa investindo em um mês, no mês seguinte tem o rendimento do mês anterior. No próximo mês tem o rendimento do mês anterior mais o rendimento sobre o rendimento que já teve. O juro composto é fantástico, lindo, maravilhoso. É sua bola de neve sendo construída. São os juros rendendo em cima dos juros.

Por isso, quanto antes começar, melhor. No início pode parecer pouco, aquele tijolinho colocado mês a mês, mas quando você menos perceber, construiu um castelo gigante.

Vou dar dois exemplos práticos: nasceu o Antonio, meu filho mais velho, e comecei a depositar R$ 450 por mês pra ele em um portfólio bem arrojado, com um mix de renda fixa e boa parte em ações. Como a Warren ainda não existia, o que fiz foi um gerencial em uma planilha de Excel usando minha conta em uma corretora. Hoje tenho na Warren essa reserva mensal separada para ele. Mas vamos ao que importa, que é o exemplo do tempo.

Depositando esses R$ 450 por mês, como mencionei, em um portfólio bem arrojado para buscar performance de 13% ao ano, com mix de renda fixa e ações, aos 18 anos o Antonio terá R$ 390 mil. Se ele continuar com a estratégia, ao chegar aos 30 anos estará com quase R$ 2 milhões. Supondo uma inflação média de 3% ao ano, os R$ 2 milhões em 30 anos serão o mesmo que R$ 1 milhão hoje. Ou seja, o Antonio estará com um salário eterno pra ele, filhos e netos de R$ 3.500 por mês.

A Serena, minha filha mais nova, nasceu justamente no mês e ano em que eu inaugurei a Warren, então desde sempre ela também tem um objetivo só dela igualzinho ao do Antonio.

Eu não quero que o Antonio e a Serena virem uns folgados. Ambos terão todos os desafios da vida pela frente, mas estou dando pra eles um colchão que vai permitir que eles se dediquem ao sonho que quiserem.

"When I get older, losing my hair. Many years from now..." Esta música do Paul McCartney é sobre um cara preocupado com o futuro, que se pergunta se ainda será útil ou ainda será amado quando completar 64 anos. A gente não sabe o futuro e essa preocupação sobre o que vai acontecer é a "coisa" que torna viver muito excitante.

É como um jogo de futebol. Que graça teria se já soubéssemos o placar antes do início da partida? Mas até que não seria nada mal iniciar a partida com uns dois a zero no placar, né? Isso ainda mantém as coisas excitantes, mas iríamos para o estádio mais aliviados, podendo aproveitar melhor a partida. Investir bem o seu dinheiro pode ajudar você a ganhar a partida e também pode ajudar filhas e filhos a começarem com esse placar já mais favorável.

O mais impressionante é comparar os números com e sem o efeito dos juros compostos. Como vimos, R$ 450 em 30 anos com rentabilidade de 13% ao ano são quase R$ 2 milhões. Mas R$ 450 em 30 anos com zero de rentabilidade são R$ 162 mil. Os juros foram responsáveis por aumentar o resultado em mais de R$ 1,8 milhões. Você ainda tem alguma dúvida de que é importante investir bem?

Meu segundo exemplo é um quiz.

O que você prefere: R$ 5 milhões agora na mão ou R$ 0,01? Por enquanto a resposta está fácil. Mas e se para o 1 centavo eu te entregar 100% de rentabilidade por dia durante 30 dias, o que acha? Muda de opinião? Ainda parece mais tentador ter os R$ 5 milhões, né? Pois saiba que R$ 0,01 rendendo 100% ao dia, durante 30 dias se transforma em R$ 11 milhões. É o tal juro composto trabalhando e criando uma bola de neve gigante.

Valor

Claro que, quanto maior o investimento, maior será o patrimônio acumulado, mas o que vale mais: investir um montão de uma vez só ou investir um pouquinho todo mês?

Investir um valor maior no início dos seus investimentos ou mesmo depois que já começou a investir é óbvio que é ótimo e que trará bons rendimentos, porém não despreze os investimentos rotineiros mensais, pois eles têm duas características importantes.

Primeira, esse tijolinho colocado um de cada vez pode até parecer pouco, mas, como já mencionei antes, com o tempo o castelo vai ficar enorme. É o poder da paciência e da disciplina.

Exemplo:

Se você começar investindo R$ 10 mil reais a uma taxa de retorno de 9% ao ano, sem depósitos mensais, em 20 anos você terá R$ 60 mil. Se você começar investindo R$ 10 mil reais, mais depósitos mensais de R$ 300, com a mesma taxa de retorno de 9% ao ano, em 20 anos você terá R$ 260 mil. Legal, né?

Segunda característica é o chamado "preço médio". Provavelmente você nunca ouviu falar, mas é um termo comumente usado por quem gosta de fazer trades na bolsa, só que empregado da maneira errada.

O preço médio ocorre naturalmente quando você faz investimentos mensais nos seus objetivos. O que acontece é que ao fazer esses depósitos regulares você diminui o custo médio de aquisição dos produtos no seu portfólio e elimina o risco de um único depósito realizado em um momento "errado".

Fundiu a cuca? Eu também. Mas um exemplo vai nos salvar. Imagine que você começou investindo em ações em janeiro. Comprou 10 ações da empresa ABC ao preço de R$ 10 cada. O ano passou, a ABC não foi tão bem e o preço da ação, em dezembro (no fim do ano), foi para R$ 9. Com isso seu portfólio estaria apresentando um prejuízo de R$ 1 por ação vezes as 10 ações que comprou. Então um prejuízo total de R$ 10.

Agora imagine que você começou em janeiro comprando apenas uma ação a R$ 10. Em fevereiro o valor dela foi a R$ 11 e você comprou mais uma. Em março ela voltou a R$ 10 e você comprou outra. Abril R$ 9 e comprou mais uma. Maio R$ 8, comprou outra. Junho R$ 7, mais uma. Julho R$ 6, outra. Agosto R$ 7, outra. Setembro R$ 8, mais uma. Por fim, em outubro a ação estava em R$ 9, e você comprou mais uma. No final das contas você tem as mesmas 10 ações do primeiro exemplo, mas e agora, qual seu preço médio de compra?

Somando as compras temos:
R$ 10 + 11 + 10 + 9 + 8 + 7 + 6 + 7 + 8 + 9 = R$ 85.

Dividindo por 10 ações chegamos ao preço médio de R$ 8,50 por ação. Com o valor atual das ações a R$ 9, significa que no momento seu patrimônio está com lucro de R$ 0,50 por ação vezes 10 ações = R$ 5. Bem melhor um lucro que um prejuízo, né? "Ahhh... mas eu também poderia ter comprado todas as 10 ações em julho, quando elas estavam a R$ 6." Claro que sim, se você fosse um vidente ou se tivesse uma máquina do tempo!

Para facilitar, dei um exemplo no qual todo mês você comprou uma ação, mas você poderia comprar a mesma quantidade de dinheiro. Essa estratégia fica ainda mais interessante, pois você passará a torcer para que a bolsa caia enquanto investe.

Digamos que você vá investir todo mês R$ 300 e que, em janeiro, a ação da empresa ABC estava R$ 10. Dividindo 300 por R$ 10 significa que você vai comprar 30 ações. Em fevereiro, com a ação a R$ 11, você vai comprar 27 ações. Em julho, com a ação a R$ 6, você vai comprar 50 ações. Resumo, se você mantém a estratégia de investir R$ 300 todo mês, quanto mais baratas estão as ações, mais delas você compra. Por isso, se você tiver a estratégia de investimentos mensais quando estiver investindo em ações, não se desespere se elas estiverem caindo, pelo contrário, comemore. Pois assim você aproveita a época de liquidação para comprar ações mais baratas. É como entrar em uma loja que está com diversas promoções.

Portfólio (onde investir)

Agora é que estamos chegando na parte mais divertida. Existe uma gama enorme de produtos de investimentos no mercado: renda fixa, ações (renda variável), previdência, fundos imobiliários, derivativos, etc, etc, etc. Montar os melhores portfólios, escolhendo os produtos mais interessantes, depende do perfil e do prazo de investimento.

Nos próximos capítulos vou explicar como funciona toda a engrenagem do mercado financeiro, detalhar os produtos e ensinar a montar portfólios eficientes.

O que você prefere: R$ 5 milhões agora na mão ou R$ 0,01? Por enquanto a resposta está fácil. Mas e se para o 1 centavo eu te entregar 100% de rentabilidade por dia durante 30 dias, o que acha? Muda de opinião? Ainda parece mais tentador ter os R$ 5 milhões, né?

11.

Um macaco é mais arrojado do que você

Um Objetivo de Investimento é o motivo pelo qual você investe, mas antes de construí-lo, você precisa fazer uma jornada para dentro de você mesmo. Você precisa descobrir qual o seu perfil. Se é uma pessoa mais conservadora, que não pode nem imaginar seus investimentos oscilando, ou se é uma pessoa mais arrojada, que aceita a turbulência em prol de um retorno maior no futuro.

Para descobrir esse perfil, diversas corretoras, bancos e gestoras disponibilizam o chamado *suitability,* que é uma série de perguntas e respostas que vão lhe classificar, normalmente, em 5 níveis de risco: conservador / conservador moderado / moderado / moderado arrojado / arrojado.

Saber a sua aceitação ao risco é uma parte importante para encontrar qual portfólio será o melhor indicado para o seu objetivo, mas aqui venho com um desafio. Será que um macaco pode investir melhor do que você por ter uma percepção melhor de risco? Vou tentar te convencer que sim.

Em 2013, a professora de economia Agnieszka Tymula, da Universidade de Sydney, Austrália, comandou um estudo interessante. Ela criou uma experiência para comparar a tomada de decisão com relação a investimentos entre seres humanos e macacos. Óbvio que os humanos, com "trocentos" neurônios a mais e com polegar opositor, tomam as melhores decisões. Certo? Veremos.

Durante vinte dias, Tymula e um grupo de cientistas treinaram macacos simpáticos para que eles tomassem decisões que poderiam dar uma recompensa maior ou menor em dólares. Dólares? Opa, pera, foi em água! Eles podiam escolher entre uma opção mais segura, que dava uma certa quantidade de água com certeza, ou uma opção mais arrojada, com uma quantidade maior de água, mas sem garantias de que ela realmente seria entregue.

O estudo mostrou que os macacos que ganharam a maior quantidade de água, os "milionários", tinham tendência a assumir mais riscos que os menos "água afortunados". Quanto mais saciados, menos avessos a riscos ficavam os macacos milionários, enquanto os outros, cada vez mais, evitavam as incertezas na hora da escolha. Segundo Tymula, é um comportamento parecido com o dos humanos. As pessoas que constroem menos patrimônio tendem a procurar investimentos mais seguros.

Por sua vez, as pessoas com patrimônio maior preferem tomar mais risco em busca de uma recompensa maior. Está se achando mais arrojado (disposto a tomar mais risco) do que conservador depois disso?

Abaixo criei uma versão rápida em três perguntas para você identificar seu perfil. Reforço que é apenas uma versão rápida. A identificação de perfil precisa passar por um processo mais longo.

PERGUNTA 1

Quando surge o assunto investimentos, qual é o seu primeiro pensamento?

a) nem me fale

b) eu gosto disso

PERGUNTA 2

Com relação a investir seu dinheiro, o que é mais importante para você?

a) não perder

b) arriscar para ganhar mais

PERGUNTA 3

Se ocorrer uma oscilação grande nos seus investimentos, qual a sua atitude?

a) resgato tudo

b) analiso com calma

Se você respondeu 3 As, você é conservador. Se foram 2 As ou 2 Bs, você é moderado. Se foram 3 Bs, você é arrojado. O interessante é que "tomar mais risco" não significa pegar todo o seu dinheiro, comprar uma passagem para Las Vegas e jogar tudo no vermelho 23.

Tomar mais risco é construir um portfólio de investimentos que tenha conexão com seus objetivos financeiros e que tenha os melhores produtos. Tomar mais risco é investir em ações quando o objetivo é de longo prazo, ou fugir da poupança e ir para os Títulos do Tesouro Pós-fixados quando o objetivo é de curto prazo.

Tomar mais risco é investir bem!

Tomar mais risco é construir um portfólio de investimentos que tenha conexão com seus objetivos financeiros e que tenha os melhores produtos. Tomar mais risco é investir em ações quando o objetivo é de longo prazo, ou fugir da poupança e ir para os Títulos do Tesouro Pós-fixados quando o objetivo é de curto prazo.

12.

Como funciona

o mercado financeiro

Você está cercado de produtos eletrônicos fantásticos. TVs, equipamentos de som, notebooks, smartphones, tablets. Já parou pra pensar quantas pessoas estiveram envolvidas e qual foi o processo, desde a criação do produto, até ele chegar aí pra você?

Milhares de pessoas de todos os cantos do mundo trabalharam para que isso acontecesse! Mas não só em equipamentos eletrônicos existe toda uma cadeia trabalhando unida pra fazer acontecer. De fato, até em coisas que parecem mais simples isso ocorre.

Vamos falar da pizzaria do seu bairro, vamos pensar em tudo o que aconteceu para aquela marguerita chegar à sua mesa.

a) Primeiro um empreendedor notou que você estava em um bairro onde não tinha pizzarias e, como todo mundo gosta de pizza, deveria ter boa demanda;

b) Depois ele precisou achar um lugar para estabelecer a pizzaria. Ele, então, visitou as imobiliárias da região;

c) Sala alugada, lá foi ele atrás de contratar funcionários e comprar os equipamentos e utensílios, como fogão industrial, freezer, talheres, pratos, panelas;

d) Precisou, também, comprar os produtos para fazer as pizzas. Farinha de trigo, ovos, sal, tomate, queijo, temperos, enfim, tudo o que fosse necessário;

e) Por fim, as caixas para as pizzas de tele-entregas com o logo da pizzaria impresso.

Pare pra pensar que o fogão que ele comprou é produzido no Paraná. O freezer em Recife, os talheres vieram do Rio Grande do Sul, pratos de São Paulo, panelas produzidas em Minas, farinha de trigo veio da Argentina, os ovos e o queijo vieram de um produtor local, o sal veio do Rio Grande do Norte, o extrato de tomate veio da Itália e as azeitonas de Portugal.

Seria possível entrar em um segundo e terceiro nível em tudo o que foi citado acima. Desde a siderúrgica que produziu o metal pra vender pra fábrica que produziu o fogão até o produtor de milho, que vendeu o milho para a empresa de ração, que produziu e vendeu para um distribuidor, que forneceu para o dono da granja alimentar as galinhas que colocaram os ovos da granja. É toda uma estrutura interligada que se comunica. No fim das contas, o funcionário da fábrica de fogões pode estar consumindo a pizza produzida pelo fogão que ele mesmo fabricou.

A pizza chegou quentinha à nossa casa, mas nem percebemos que foram milhares de pessoas que trabalharam de diversos lugares do mundo para isso acontecer. E qual a base desta engrenagem toda?

A resposta é simples: lucro. Toda essa engrenagem funciona baseada em lucro. A siderúrgica vendeu o metal para a fábrica de fogões para obter lucro. A fábrica de fogões vendeu o fogão para uma loja para obter lucro. A loja vendeu o fogão para a pizzaria para obter lucro. A pizzaria vendeu uma pizza para você para obter lucro.

O lucro de cada uma das etapas é necessário para pagar os funcionários, a estrutura, os financiadores (quando existem) e remunerar os sócios. Mas de que importa tudo isso se o assunto são investimentos?

Importa demais! Para abrir uma pequena pizzaria ou uma siderúrgica gigante, um insumo importante é a grana! Um empreendedor precisa de grana para empreender e o legal é que do outro lado pode existir um investidor que tem grana para investir. O mercado financeiro está organizado para isso. Conectar empresas que precisam de investimento com investidores que querem investir.

Estes investimentos, basicamente, acontecem de duas formas: via empréstimo ou via participação societária. Funciona assim: você pode emprestar dinheiro para uma empresa ou para o governo e em troca receberá juros como recompensa. Ou você pode comprar ações da empresa e em troca receberá dividendos (participação nos lucros) e a valorização do preço das ações.

Quando você está emprestando dinheiro, este é um produto de **RENDA FIXA**. Quando você está comprando ações... bem... são **AÇÕES** , mas também se chama **RENDA VARIÁVEL**.

Vou usar o exemplo da pizzaria.

Digamos que eu seja um excelente pizzaiolo e você tenha um local vago à disposição em uma zona muito interessante da cidade. Ok, temos o pizzaiolo e o local, mas precisamos de pratos, talheres, farinha, forno, etc, etc. Digamos que com R$ 100 mil nós consigamos abrir essa nossa pizzaria, mas não temos um puto tostão. O que fazer?

Uma das opções pode ser pedir um empréstimo. Queremos R$ 100 mil emprestados e prometemos devolver essa grana em 1 ano pagando 10% de juros. Ou seja, quem nos emprestar os R$ 100 mil vai receber R$ 110 mil ao final de um ano.

Do nosso lado, como empreendedores, teremos uma dívida a pagar em 1 ano. Do outro lado, o investidor terá o retorno do seu investimento com juros de 10% ao final de um ano.

O que é isso? Renda fixa.

A outra opção pode ser achar um outro sócio. Um sócio que tenha os R$ 100 mil para investir. Digamos que nosso projeto de pizzaria valha R$ 300 mil, então vendemos 33% da empresa por R$ 100 mil para este novo sócio.

Desta forma, do nosso lado não teremos uma dívida a pagar em um ano, mas dividiremos nossa empresa com mais uma pessoa. Do outro lado, o investidor terá um retorno atrelado aos lucros e crescimento da pizzaria. Se vendermos muitas pizzas, o lucro será maior e o valor da empresa sobe. Se tudo der certo, abrimos filiais pelo Brasil todo e nossa pizzaria, que valia R$ 300 mil, pode estar valendo R$ 30 milhões!

O que é isso? Ações.

Vou falar com mais detalhes sobre Renda Fixa e Ações nos próximos capítulos, antes disso é importante comentar sobre os participantes do mercado (Bolsas, Corretoras, Gestoras) para explicar como produtos financeiros e investidores se encontram.

Bolsas

Onde estão listadas as ações das empresas e são negociados muitos produtos de renda fixa e derivativos. No Brasil, a principal bolsa é a B3 (união da BM&FBovespa e a Cetip). Nos EUA, as principais Bolsas são a NYSE, a NASDAQ e a CME.

Quando o assunto é ações, as bolsas são o ponto de encontro entre empresas que têm suas ações à disposição (diz-se empresas com ações listadas) e os investidores. Ao ter ações listadas em bolsa, imediatamente qualquer pessoa que tem conta em uma corretora pode investir nesta empresa, portanto a empresa tem rapidamente uma grande base de potenciais investidores.

Por isso, uma empresa que quer buscar investimento através da venda de ações para o público em geral procura uma bolsa para fazer essa oferta. Se for a primeira vez que ela fará esse processo, se diz que a empresa está "abrindo capital na bolsa", em português está fazendo uma OPA (Oferta Pública de Ações). Em inglês um IPO (Initial Public Offering). Diga-se de passagem, fazer um IPO é sonho de muitos empreendedores, inclusive o meu.

Para ter ações listadas (negociadas) em bolsa, a empresa precisa ter um tamanho mínimo de faturamento ou valor de mercado e passa por uma série de exigências. Esses requisitos variam de bolsa para bolsa. A partir de ter suas ações listadas em bolsa, somente através da bolsa as ações de uma empresa podem ser vendidas. Antigamente as transações eram realizadas pela voz. Se você quisesse comprar uma ação, precisava mandar esse pedido para a corretora, que ligava para um funcionário (chamado operador) que estava na bolsa. Este operador recebia a ordem e então no meio de outros operadores anunciava a plenos pulmões o desejo de comprar tal ação. Se existisse alguém (um operador de uma outra corretora) que tinha uma ordem de vender a determinada ação, ele escutava o grito do colega e corria para fechar o negócio. De um lado, um operador estava comprando em nome do cliente da corretora e, do outro lado, o outro operador estava vendendo em nome de um cliente da corretora.

Dá para imaginar a confusão e a gritaria que acontecia, né? Se você digitar "pregão viva voz" no YouTube vai encontrar diversos vídeos antigos da Bolsa no Brasil e vai ver o que estou falando. Hoje em dia as transações são eletrônicas. De um lado, uma pessoa querendo comprar ações pode inserir essa ordem de compra via plataforma digital, do outro lado uma pessoa querendo vender ações insere a ordem de venda das suas ações via plataforma digital. Conforme as ordens se encontram, as ações das empresas vão transitando entre investidores.

Nos EUA, a Nasdaq (que fica localizada na Times Square, em Nova York) tem a fama de ser a bolsa de tecnologia, apesar de que não necessariamente precisa ser uma empresa de tecnologia para estar na Nasdaq. Grandes empresas abriram seu capital através dela, dentre elas o Facebook, que há poucos anos realizou um dos maiores IPOs da história.

A rival da Nasdaq é a tradicional NYSE (New York Stock Exchange), que fica no sul da ilha de Manhattan, na famosa Wall Street. A NYSE é histórica, surgiu em 1792 e empresas gigantes do mundo todo abriram seu capital nela. Inclusive o IPO do Alibaba, o maior da história, foi realizado nela. Algumas empresas brasileiras também abriram capital na NYSE, como a Netshoes.

Tive a oportunidade de levar turmas e clientes para visitar ambas as bolsas algumas vezes. A Nasdaq é interessante, um telão gigante mostra as cotações (os preços das ações) das empresas listadas e a abertura do dia (toda bolsa tem hora para abrir e hora para fechar) é ao som de uma música alta e contagem regressiva. Mas nada se compara à sensação de entrar na NYSE. As centenas de anos de história do prédio e de todas as empresas que passaram ou que seguem com suas ações sendo transacionadas por lá, os operadores que ainda existem na NYSE para alguns trabalhos específicos e que deixam uma energia fantástica no ar, e o tradicional sino de abertura do dia (coloque também no YouTube "opening bell nyse") fazem do lugar a Meca para quem adora o mundo de investimentos e economia.

Infelizmente, o acesso às bolsas é restrito, mas se você tiver a oportunidade de visitar NY, faça o tour passando na frente das bolsas, já vai dar pra sentir o clima. No sul de Manhattan, além da NYSE você pode visitar o FED (Banco Central americano), em cujo subsolo está uma das maiores reservas de ouro do mundo. É possível ver uma ou duas barrinhas após passar por uma porta de cofre com a maior espessura que você já viu. E pode também encontrar nas redondezas o touro de Wall Street (charging Bull). O touro simboliza ações subindo, pois a chifrada dele é de baixo para cima. O urso, seu inimigo, simboliza ações em queda, pois a patada do urso é de cima para baixo. Mas quando for visitar o touro, não foque nos chifres e sim nas bolas. Isso mesmo, os testículos. Sua missão maior é conseguir acariciá-los, pois diz a lenda que dá sorte. Você vai encontrar muitas pessoas fazendo isso, então nem terá tempo de sentir vergonha. Uma das formas de remuneração das bolsas são os emolumentos. Toda transação em bolsa gera um emolumento que é pago pelo investidor.

Corretoras

Uma Corretora é uma instituição conectada diretamente às bolsas, permitindo que seus clientes (investidores) possam investir nas ações ou nos produtos de renda fixa. Um investidor não pode ir direto à bolsa para fazer a compra de uma ação, ele precisa fazer isso através de uma Corretora. Essas empresas possuem plataformas eletrônicas que permitem o envio de ordens de compra ou venda de ações e outros produtos financeiros. Essas ordens são enviadas à bolsa, que casa solicitações de compra de um lado com venda do outro.

Imagine que o João quer comprar 100 ações da Ambev a R$ 20 e a Maria quer vender 100 ações da Ambev a R$ 20. Ambos abrem as plataformas eletrônicas das suas corretoras e inserem suas ordens. Essas ordens serão enviadas imediatamente para a bolsa e serão executadas. Mas e se a Maria quisesse vender por R$ 20,10? Neste caso a ordem de compra do João estaria na Bolsa a R$ 20 e a ordem de venda da Maria estaria na Bolsa a R$ 20,10. Ambas estariam paradas esperando que alguma outra pessoa aceitasse os preços deles.

Corretoras podem ser remuneradas de diversas formas. Corretagem cobrada a cada transação com ações, spread retirado em cada produto de Renda Fixa, além de multas, floating e outras taxas. Dificilmente elas são transparentes nisso tudo.

Gestoras

Uma Gestora de Recursos é uma empresa que pode gerir Fundos de Investimento ou Carteiras Administradas. Um Fundo de Investimento é uma espécie de condomínio que reúne recursos de um conjunto de investidores (chamados de cotistas) e é gerido por um gestor profissional, que faz a seleção dos produtos financeiros a serem investidos. Bancos e Corretoras normalmente constituem suas Gestoras de Recursos para poder criar seus fundos e distribuir pelos seus canais de venda. Vou explicar mais sobre Fundos de Investimento no capítulo 15.

Uma carteira administrada é o poder que uma gestora tem em comprar produtos para o cliente dentro da conta dele em uma corretora. A gestora pode montar um portfólio com produtos que achar melhor, podendo, em nome do cliente, enviar as ordens de compra e venda de produtos na corretora onde o cliente tem conta aberta.

As principais formas de remuneração de uma Gestora são a taxa de gestão cobrada nas carteiras administradas e a taxa de administração cobrada nos Fundos de Investimento. Nos fundos podem existir outras taxas, como taxa de performance, taxa de resgate, taxa de manutenção, taxa de custódia, taxa de entrada e por aí vai. Por isso é preciso ficar atento.

Bancos

Através dos Bancos é possível acessar diversas opções de investimento, sendo que a Poupança, CDBs e Fundos de Investimento costumam ser os mais comuns. Bancos são os mais populares canais de distribuição de investimentos no Brasil, mas ser o mais popular não significa necessariamente ser o melhor. Alguns tomam proveito da comodidade e/ou falta de informação dos clientes para entregar produtos com altas taxas e pior rentabilidade.

Com a poupança e os CDBs, os bancos ganham dinheiro captando dinheiro a uma taxa de juros mais barata e emprestando a uma taxa bem mais alta. Por exemplo, com um CDB podem captar dinheiro oferecendo uma taxa de juros de 10% ao ano e depois emprestar no cheque especial a uma taxa de 40% ao ano. E pelos Fundos de Investimento ganham através das taxas diversas que já citei acima.

13. ———

Onde não investir (fugindo das roubadas)

Imagine que uma tia morreu e deixou para você de herança R$ 2 milhões. Onde você investiria?

Faço essa pergunta no Papo de Grana e as respostas variam entre: não sei, poupança, imóveis, usaria para empreender, botaria na minha previdência, títulos do tesouro, esconderia em casa, viraria agiota, compraria uma Ferrari.

Esconder o dinheiro em casa não parece uma boa decisão de investimento. Mas virar agiota e emprestar a juros altos já parece uma ideia melhor, porém dá cadeia. E comprar uma Ferrari nem dá, né? Paga a Ferrari em um ano e no seguinte não consegue pagar o IPVA.

De todas as principais respostas, se salvam apenas o "usaria para empreender" e "títulos do tesouro". As outras todas são péssimas decisões e infelizmente isso é comum, pois algumas delas são oferecidas nos bancos e, como citei anteriormente, o mundo de investimentos é cheio de conflitos de interesses.

Não vou me estender mais no conflito e sim focar em preparar você para fugir das roubadas, e eu não poderia começar a lista com qualquer outro produto que não fosse a famosa poupança.

Poupança

São dezenas de milhões de pessoas que investem em poupança. É tão cultural quanto o investimento em imóveis, apesar de ambos serem ruins. A poupança surgiu em 1861 com o Dom Pedro II. Ele criou a Caixa

Econômica Federal com o único objetivo de remunerar os depósitos pagando 6% de juros ao ano e pouco tempo depois esse teto de 6% foi estabelecido. Foi só em 2012 que a regra mudou um pouco. O teto ficou limitado ao 0.5% ao mês (6% ao ano), mais a TR (taxa referencial). Mas existe outra regrinha. Com a Selic abaixo de 8.5% a poupança paga 70% da Selic.

Ao invés do FGC, ela é garantida pelo governo federal, sendo uma opção segura, mas, como qualquer investimento, não está livre de riscos. Lembra do Collor congelando as poupanças? Provavelmente não, mas sim, aconteceu. Ele fechou as portas e "ninguém entra, ninguém sai". A ideia era bloquear por 18 meses, mas acabou tendo que abrir o cerco antes, devido à pressão popular.

Comentário: FGC significa Fundo Garantidor de Crédito. É uma reserva que os bancos fazem para salvar este tipo de investimento. Se o banco emissor do CDB quebrar, você não vai perder o dinheiro que investiu no CDB até o limite de R$ 250 mil. Este de R$ 250 mil é por banco até um teto de R$ 1 milhão por investidor.

Se você for investir na poupança, é muito importante ficar atento ao dia de aniversário (não ao seu, ao da poupança!). Apesar de ter liquidez diária (você pode sacar a qualquer momento), a poupança tem uma "data de aniversário", quando o rendimento do mês é computado (todo dia 18 de cada mês, por exemplo). Se você sacar o dinheiro um dia antes do aniversário (dia 17), o rendimento da poupança será zero naquele mês. A poupança é isenta de Imposto de Renda, mas seu rendimento é tão menor ao de aplicações igualmente seguras que não vale a pena.

Títulos de Capitalização

Uma grande roubada são os Títulos de Capitalização. Quando eu pergunto no Papo de Grana se alguém investe em títulos de capitalização, vejo gestos tímidos de alguns que confirmam, mas com vergonha. Tenho a impressão de que as pessoas já sabem que é uma merda, mesmo assim cedem.

É bizarro, mas o título de capitalização, que nem deveria ser considerado investimento, é um dos investimentos mais populares. Mesmo entre brasileiros de alta renda, esta é a segunda "aplicação" preferida. Se você tem conta em banco, existe 99% de chance de já ter recebido do seu gerente a oferta de um título de capitalização com o argumento de que você vai concorrer a prêmios incríveis. Em nenhum momento o gerente vai comentar sobre rentabilidade, até porque esses produtos ou rendem zero ou próximo a isso. Por isso eles não são produtos concorrentes aos Títulos do Tesouro e sim a bilhetes de loteria.

Alguns títulos têm pagamento único e normalmente retornam uma parte pequena do dinheiro. Outros são como uma poupança programada, com mensalidades durante alguns anos e retornando a totalidade do valor pago após a quitação das parcelas. Mas com remuneração pior do que a poupança, pois apenas parte do que o comprador paga mensalmente é rentabilizado. O restante é destinado à cota de carregamento (uma espécie de taxa de administração) e à cota de sorteio, destinada a custear os prêmios dos sorteios.

Para completar a desgraça, se você quiser resgatar um título de capitalização antes do vencimento vai tomar um pênalti enorme. E se você pensa que pelo menos o título é isento de Imposto de Renda, nada disso! Você ainda paga 20% sobre os rendimentos.

O único motivo para ter um título de capitalização é quando o gerente do banco liga para você chorando e balbuciando um "me ajuda aí". Sério, na próxima vez que oferecerem para você um título de capitalização, diga que prefere saborear óleo de fígado de bacalhau.

Previdência cheia de taxas

O que falar dos planos de previdência, então? A grande maioria dos planos de previdência são muito ruins. Muito! Alguns têm uma ótima vantagem fiscal, por exemplo, quando se faz a declaração completa de IR. Porém, mesmo nesses casos, a vantagem se perde em um mar de taxas. Taxa de administração, taxa de entrada, taxa de carregamento, taxa de saída, taxa para ver quanto de taxa você está pagando.

Normalmente são os planos de banco que cobram esse absurdo de taxas e mais uma vez acontece porque o "amigão" do banco está empurrando esse produto para os desavisados. A notícia boa é que os planos de previdência têm por lei a portabilidade. É parecido com o que acontece se você quiser trocar sua conta de celular da Vivo para a Claro. Mas antes de falar em trocar de plano, vou falar sobre a previdência em si. Ela está neste capítulo de onde não investir, mas serei justo e vou enumerar casos nos quais ela até pode ser interessante.

Primeiro preciso destacar que, na prática, um plano de previdência nada mais é do que investir seu dinheiro em um fundo de investimentos. Porém, você está pagando para um intermediário (a seguradora) fazer isso por você. Esse "pagando" é, como já mencionei, o que mata a grande maioria dos planos de previdência. Você paga e paga demais por um trabalho que você poderia fazer diretamente.

Existem os planos de previdência fechados, que são aqueles oferecidos pelas empresas diretamente aos seus funcionários, e existem os planos de previdência abertos, aqueles vendidos ao público em geral. Imediatamente posso destacar uma vantagem da previdência que pode estar em planos fechados. Algumas empresas dão uma contribuição extra no plano de previdência do funcionário. Por exemplo, o funcionário contribui com R$ 300 para a previdência e a empresa dá outros R$ 300. Neste caso, o plano se torna interessante, principalmente se você contribui no limite que a empresa se propõe a contribuir, e é importante também conhecer o que acontece caso você opte por sair da empresa.

Indo para os planos de previdência abertos, existem duas modalidades, o PGBL e o VGBL. Começando pelo mais raro de valer a pena, o VGBL, que é um plano que não pode ser deduzido no imposto de renda (para isentos ou que declaram pelo Simples) e no resgate o IR incide sobre os rendimentos. Já o PGBL é interessante para quem faz declaração completa de IR. O valor pago no plano pode ser descontado no Imposto de Renda (desde que represente até 12% da renda bruta anual) e o imposto é pago ao sacar o dinheiro do fundo e é cobrado pela quantia total acumulada. Este desconto no imposto, na verdade, é uma postergação e não bem um desconto. De qualquer forma vale a pena, pois é melhor deixar para pagar depois e ter a possibilidade de remunerar o capital sobre um valor maior.

Para participar do PGBL você precisa fazer a declaração completa de IR, contribuir com até 12% da renda e no prazo mínimo de 10 anos. Uma última vantagem que pode surgir na previdência é no caso de transmissão de herança. Isso acontece porque o dinheiro que está na previdência privada não passa por um inventário e não paga imposto para transmissão de herança. Em um plano de previdência privada você pode indicar alguém como beneficiário direto, como seus filhos.

Por isso, quem tem uma quantia gorda de herança cria planos de previdência para os filhos terem recursos para, pelo menos, pagar o tal imposto de transmissão de herança sobre os outros bens. Sacou? É como montar um plano de previdência para que seus filhos possam comprar a chave para abrir o cofre que está repleto de outros bens. Inclusive você pode indicar como beneficiário alguém supersecreto, como um amigo imaginário, seu gatinho de estimação ou uma paixão da adolescência.

Fundos com altas taxas

A indústria dos fundos de investimentos é gigante no Brasil e no mundo. Existe uma infinidade de fundos muito bons e com taxas de administração justas, mas existe uma quantidade muito, muito maior de fundos horríveis com taxas altíssimas. Vou repetir o parágrafo que já escrevi antes.

Um dos maiores fundos de investimentos do Brasil (atualmente é o maior) cobra uma taxa de administração perto de 4% ao ano em uma estratégia bem básica, sendo que acima de 1% de taxa já seria um roubo. Isto não é um fundo de investimentos. Isto é um assalto à mão armada! É um sequestro! É roubo!

Por que é um fundo gigante? Você já sabe a resposta. Porque quem está indicando precisa bater meta!

Tome cuidado com as taxas dos fundos de investimento. Pergunte sempre antes de investir qual é a taxa de administração. Se for acima de 1% pode ser uma cilada, Bino.

CDBs com retornos ruins

Acontece bastante também a grandiosíssima oferta de investir no CDB do seu banco. Novamente, na maioria dos casos, não vale a pena, pois são ofertas que pagam uma remuneração ao redor de 80% do CDI.

É possível investir em CDBs de diversos outros bancos com remunerações de mais de 100% do CDI, então não perca seu tempo com essa furada.

Seguros

Seguros podem ser ótimos produtos, quando vendidos de forma correta. Por exemplo, um pai ou mãe, que ainda não acumularam patrimônio e têm filhos que ainda não se sustentam, precisam um seguro de vida para proteção caso algo ruim aconteça. Após esses pais chegarem a um bom patrimônio, o seguro pode ser cancelado. Mas você acha realmente que o vendedor vai ligar sugerindo para encerrar o seguro, sendo que a comissão dele está vindo pelo pagamento mensal do seguro? É difícil! Novamente o conflito de interesse atrapalhando.

E o conflito não para aí. Existem muitos seguros empacotados, com resgate ou sem, com isso ou sem aquilo, nacional ou até os internacionais (que em alguns casos são ilegais) que são muito ruins para quem compra, mas pagam ótimas comissões para quem vende.

Se você tem algum desses é porque provavelmente recebeu a visita de um cara bem vestido, com discurso impecável e que não deixou o papo terminar sem que você comprasse o tal produto "incrível". Sinto dizer que normalmente não vale a pena. Com calma, analise as opções de resgate e chame no email ajuda@warrenbrasil.com se precisar de ajuda.

Se você tem algum desses é porque provavelmente recebeu a visita de um cara bem vestido, com discurso impecável e que não deixou o papo terminar sem que você comprasse o tal produto 'incrível'. Sinto dizer que normalmente não vale a pena.

14.

Bichos estranhos: Selic, Inflação e os impostos

Antes de falar onde investir, preciso comentar sobre esse bichos estranhos chamados Selic e Inflação. Eles fazem parte do nosso dia a dia e também dos investimentos.

Selic

Provavelmente você já ouviu falar sobre a tal da Selic. Ela é a taxa básica de juro da economia. O que isso significa? Em resumo: que ela é importante pra c#&!. A Selic é a taxa de juros parâmetro para financiamentos, empréstimos e investimentos. Quando ela está alta, a parcela da compra da geladeira é mais alta, quando está baixa, os rendimentos dos produtos de renda fixa estão pagando menos.

Existe uma turma no Banco Central (o COPOM: Comitê de Política Monetária), que se reúne a cada 45 dias para decidir se a taxa Selic deve subir ou descer. Entre tantos dados que analisam, um dos que mais tem peso é a inflação. Ela precisa estar controlada, dentro da meta. Se estiver alta demais, essa turma opta por subir os juros (a Selic).

Reforçando, uma alta de juros significa que o dinheiro à disposição fica mais caro. Do carro à geladeira, tudo o que for comprado em prestações passa a custar mais. Consequentemente, as pessoas consomem menos e a lei máxima da oferta X demanda faz com que os preços caiam. Se tem menos pessoas comprando geladeiras, vai existir uma oferta maior de geladeiras e as lojas vão fazer intermináveis promoções para vender. Promoção é sempre legal, né? Afinal, quem não quer pagar menos? Mas essa promoção surgiu porque o aumento do custo do dinheiro gerou menos consumo, que gerou mais oferta, que vai fazer as empresas diminuírem sua produção. Por fim, diminuir a produção significa demitir e isso não é nada legal.

Por outro lado, se a inflação estiver controlada, baixar os juros é caminho natural. E daí ocorre o oposto de todo esse exemplo acima. O dinheiro fica mais barato, as pessoas consomem mais, as empresas contratam mais e a economia cresce.

Se a taxa de juro baixa é tão boa, por que essa turma do Banco Central não joga ela pra zero? Alguns motivos. O primeiro, oferta e demanda. Dinheiro muito barato significa mais demanda, porém se o país não está preparado a ter oferta na mesma velocidade, os preços disparam. *Yeap...* inflação. Vou falar dela daqui a pouco. Outro motivo para nossa taxa não ser zero é que precisamos pagar juros para atrair investidores. Lembra que disse que a Selic é balizador para investimentos? Então, se ela está baixa demais, desestimula um investidor a investir nos títulos públicos do nosso país. O investidor sempre olha o retorno atrelado ao risco. Investir no Brasil é mais arriscado que investir nos EUA? É. Então ele vai querer mais retorno. Os títulos de cada país são uma das principais formas de captação de recursos e esse é outro assunto de que falo em mais detalhes à frente.

"Mas se a Selic alta significa que os rendimentos de renda fixa vão pagar mais, então temos que torcer pra que ela fique superalta para termos mais rendimento?". Não. E lá venho eu com outros dois motivos.

Primeiro: dado que, com uma taxa de juros menor, o dinheiro fica mais barato, as pessoas conseguem realizar o sonho de ter uma geladeira, as empresas fabricam mais, contratam mais e a economia cresce, você deve torcer para que as taxas de juro caiam. Achou esse motivo altruísta demais? Ser altruísta é bom, mas esse não é o motivo desse motivo. Uma economia que cresce vai beneficiar outros tipos de investimentos (o investimento em ações) e uma taxa de juro baixa não vai prejudicar sua performance em renda fixa. É ganha, ganha. Como uma taxa de juro baixa não prejudica a performance de renda fixa?

Esse é o meu segundo motivo. Se a taxa de juro está alta é porque provavelmente a inflação está alta. E daí o juro real ou retorno real, que é a diferença do que você ganha de retorno para a inflação, não estará tão alto assim. Por exemplo, com uma taxa de juro a 15% ao ano e uma inflação de 11% ao ano, seu retorno real será de 4% ao ano. Parece que você está ganhando um montão.

Poxa, 15% ao ano é um belo retorno, mas a inflação está comendo a maior parte. E se a taxa de juro estiver a 7%, você estaria ganhando muito menos? Depende, se a inflação for de 3%, você estará ganhando os mesmos 4% de retorno real. Viu só a importância da Selic? Da parcela da geladeira ao rendimento do CDB, tudo gira ao redor dela e por isso é tão importante quando a cada 45 dias uma nova Selic é divulgada.

CDI

A sigla significa Certificado de Depósito Interbancário. Um nome complexo para operações complexas de empréstimos que bancos fazem entre eles todos os dias e de onde sai a taxa do CDI (a média das taxas cobradas nestes empréstimos entre bancos).

A Selic é referência para essas taxas, por isso a taxa do CDI é próxima à Selic. O importante a saber é que o CDI é utilizado como comparador para retornos de produtos de renda fixa. Se um produto está pagando 110% do CDI, está pagando acima da taxa entre bancos. Se está pagando 90% do CDI, está pagando abaixo.

Inflação

Já dei o exemplo anteriormente de que em 1993 a inflação chegou perto de 2.500% ao ano e isso era assustador. Mas se quiser ficar mais apavorado, entre 1968 e 2008 a inflação acumulada foi de 970000000000000% (970 trilhões %). Quem viveu os anos 80 e início dos anos 90 lembra que os mercados viviam cheios dos caras com as maquininhas de remarcar preço. A inflação é um bicho invisível, mas que está lá, comendo o poder de compra do nosso dinheiro sorrateiramente.

Aquela nota de R$ 50 em janeiro com uma inflação de 10% ao ano estará comprando R$ 45 em mercadorias em dezembro. Mas ainda estará escrito o R$ 50 nela. Você não percebe a mudança assim de forma tão direta. Até que um belo dia você vai ao supermercado e descobre que a quantidade de coisas que comprava não é mais a mesma.

A mesma quantidade de dinheiro já não compra a mesma quantidade de um determinado produto. E se você olhar isso no longo prazo o problema é ainda maior. Um exemplo: uma taxa de inflação de 5% ao ano resulta em 100% de inflação em 14 anos. Por isso, quando vamos olhar o retorno de um investimento, não podemos nos fixar somente na rentabilidade nua e crua que teremos. É preciso descontar a inflação. Por exemplo, se temos um produto de renda fixa que deu uma rentabilidade de 10% ao ano, precisamos retirar a inflação do ano para realmente ver o retorno real. Digamos que a inflação foi de 3%, então 10% de ganho menos 3% de "perda", o retorno real foi 7%.

Impostos

Os impostos existem desde sempre e, como vivemos em sociedade, não podemos vê-los como supervilões. Impostos servem para serem investidos em educação, segurança, entre outros.

O problema, eu sei, é que algumas vezes a turma que administra esses impostos não cumpre a missão com competência ou honestidade, mas as coisas estão mudando (precisam mudar). Inclusive algumas iniciativas usando a tecnologia estão ajudando a própria sociedade a fiscalizar para onde nosso dinheiro dos impostos vai. Um grupo de amigos desenvolveu um software que cruza as informações de banco de dados públicos com o da Receita Federal e da Câmara, e consegue identificar se o gasto de um político foi realmente em um estabelecimento que existe e se não era de alguém da família. Milhares de inconsistências já foram descobertas e recursos devolvidos. É difícil escapar dos olhos dos algoritmos!

A maioria das transações no mercado financeiro estão sujeitas ao Imposto de Renda, mas ele é cobrado de diferentes formas em diferentes produtos e existem também os produtos isentos.

Outro imposto que pode existir é o IOF, o Imposto sobre Operações Financeiras. Vou falar de ambos e onde eles entram em cada produto. Antes disso vale destacar que, se você não faz declaração de IR, não é porque começou a investir que vai ter que começar a declarar. Para ser obrigado a ter que declarar o IR, você precisa estar dentro de uma destas condições abaixo:

—— Recebeu mais de R$ 28.123,91 de renda tributável no ano (salário, por exemplo); ou

—— Ganhou mais de R$ 40 mil isentos, não tributáveis ou tributados na fonte no ano (como indenização trabalhista); ou

—— Teve ganho com venda de bens (casa, por exemplo); ou

—— Comprou ou vendeu ações em Bolsas; ou

—— Recebeu mais de R$ 140.619,55 em atividade rural (agricultura, por exemplo) ou tem prejuízo rural a ser compensado no ano calendário de 2015 ou nos próximos anos; ou

—— Era dono de bens de mais de R$ 300 mil; ou

—— Vendeu uma casa e comprou outra num prazo de 180 dias, usando isenção de IR no momento da venda

Imposto de Renda

Como o nome diz, ele incide sobre a renda, ou seja, o rendimento que um investimento trouxe. Nos produtos de renda fixa, o imposto de renda é decrescente, quanto mais tempo os recursos ficarem aplicados, menor é a alíquota.

Até 180 dias = 22,50% do rendimento

De 181 a 360 dias = 20% do rendimento

De 361 a 720 dias = 17,50% do rendimento

Acima de 720 dias = 15% do rendimento

Alguns dos produtos de renda fixa que pagam IR são: títulos do tesouro, debêntures e CDBs. Alguns dos produtos de renda fixa que não pagam IR são: LCIs, LCAs e debêntures incentivadas. Diretamente nos produtos, a cobrança do IR se dá no resgate ou quando o título vence. Por exemplo, se você comprar um CDB com vencimento em um ano, assim que ele vence você precisa pagar o IR.

Em ações o imposto é de 15% sobre os ganhos de capital. Se o investimento for realizado diretamente em ações é preciso levantar qual foi o ganho de capital nas transações realizadas e fazer o pagamento do imposto através de uma Darf até o último dia útil do mês seguinte.

Se o investimento for através de Fundo de Investimento, o imposto de renda é descontado automaticamente no resgate. Será apurado o seu lucro da aplicação e abatido 15% para ser enviado diretamente à Receita Federal. Alguns fundos de investimento (renda fixa e multimercado) têm uma antecipação de 15% de imposto nos meses de maio e novembro. Essa antecipação se chama come-cotas.

O nome é meio assustador, mas ele define bem o formato da tributação. O come-cotas, automaticamente, "come" pequenas cotinhas do fundo que são referentes aos tributos a serem pagos, já deixando eles separados no "estômago" da Receita.

IOF (Imposto sobre Operações Financeiras)

A frase que diz que da morte e dos impostos ninguém escapa não funciona para o IOF, um imposto do qual podemos escapar. O Imposto sobre Operações Financeiras é cobrado apenas sobre os resgates realizados em um período inferior a 30 dias de quando foram investidos.

Então, quem deixar o dinheiro aplicado por menos de um mês terá que pagar IOF, quem deixar os 30 dias passarem, está livre. Reforçando que começa a contagem dos 30 dias apenas sobre novos investimentos no fundo. Vale muito a pena não ser apressado e deixar os 30 dias passarem, pois a alíquota do IOF pode ser bem pesada. Pra você ter ideia, ela começa em 96% do total de rendimento do investimento.

Abaixo a tabela:

Definitivamente, é bom exercitar a paciência e esperar os 30 dias passarem.

Dias	IOF (%)	Dias	IOF (%)	Dias	IOF (%)
1	96%	11	63%	21	30%
2	93%	12	60%	22	26%
3	90%	13	56%	23	23%
4	86%	14	53%	24	20%
5	83%	15	50%	25	16%
6	80%	16	46%	26	13%
7	76%	17	43%	27	10%
8	73%	18	40%	28	6%
9	70%	19	36%	29	3%
10	66%	20	33%	30	0%

Bichos estranhos: Selic, Inflação e os impostos

15.

Onde
investir

O mercado financeiro é imenso. Existem ações das maiores empresas do Brasil, produtos de renda fixa de municípios dos Estados Unidos, sacas de café na bolsa de futuros, moedas, ouro, gasolina, ações americanas, manteiga (sim, acredite), bacon (sim, acredite parte 2), soja, COEs, swaps, fundos imobiliários, enfim. Todos eles são úteis em algum momento. Seja para investidores, especuladores, produtores, indústria e por aí vai.

Se você quiser conhecer todos eles, acho uma boa, mas para investir bem, você na verdade nem precisa. Se você conhecer o mundo da renda fixa e das ações (renda variável) será um grande investidor. Antes de chegar neles preciso que você leia uma coisa: **investimentos bons são chatos**.

Se possível, por favor, repasse, pois é serviço de utilidade pública. O que quero dizer é que não existem fórmulas mágicas que transformam R$ 100 em R$ 1 milhão em alguns dias. Não acredite em qualquer oferta milagrosa que promete rentabilidades absurdas. Em 100% dos casos isso é pilantragem e você acabará perdendo todo o seu dinheiro. Pirâmides, forex, opções, ofertas misteriosas em criptomoedas ou qualquer coisa muito boa para ser verdade, normalmente não é verdade mesmo, é fraude.

Vamos aos investimentos de verdade.

Renda fixa

Já comentei que, quando você investe em um produto de Renda Fixa, você está emprestando dinheiro para uma empresa ou para o governo e vai receber juros como recompensa. Você empresta dinheiro para a empresa crescer, conquistar mais mercado, contratar mais funcionários. No caso do governo, você empresta dinheiro para o governo construir escolas, hospitais, pagar funcionários. Por isso, o investimento em renda fixa pode ser muito bom para você e para a sociedade.

Mas todo empréstimo tem um risco, o chamado "risco de crédito", e esse risco pode ser maior ou menor, atrelado diretamente a quem você está emprestando. O risco de crédito é a probabilidade da empresa ou governo não cumprir com suas obrigações e deixar de pagar pelos títulos emitidos. Na linguagem popular, dar o calote.

Quanto maior é o juro que um produto de Renda Fixa paga, maior é o risco de crédito. Quanto menor o juro, menor o risco. Se uma empresa é grande e com números sólidos, é claro que quando for buscar dinheiro emprestado vendendo um produto de renda fixa, vai pagar menos juros do que uma empresa menor.

Quando é um título do governo também ocorre essa mesma dinâmica de risco e recompensa. Responda essa. Se você perdesse uma aposta e sua penalidade fosse investir todo o dinheiro da sua vida em um título de renda fixa de um único país e você só tivesse duas opções para escolher, Estados Unidos ou Moçambique, para qual dos dois você emprestaria seu dinheiro?

Não existe uma resposta certa. É lógico que a opção mais segura seriam os Estados Unidos. Você teria noites de sono tranquilas, mas sua recompensa seria ao redor de 1% a 2% ao ano em títulos de curto prazo. Já Moçambique lhe pagaria mais de 20% ao ano em títulos com o mesmo prazo, mas suas noites de sono seriam tranquilas? Ou teria pesadelos com um possível calote?

É o tal cobertor curto. Se você tapa a cabeça, destapa os pés. Se tapa os pés, destapa a cabeça. Não dá pra ter tudo. Cada título de renda fixa tem um prazo de duração. É como um contrato com data fixa para terminar. Se você empresta dinheiro para um amigo e ele promete devolver em 30 dias com 1% de juros, você criou um "produto de renda fixa" com juro e vencimento.

Se você empresta dinheiro para o governo comprando um título do tesouro com vencimento em 2030, significa que, em 2030, este contrato encerra. Porém, na maioria absoluta dos produtos de renda fixa você não precisa esperar até a data do vencimento para resgatar o seu dinheiro. Em alguns casos você resgata a qualquer momento sem penalidade ou risco de variação de preços, em outros casos você pode até resgatar menos do que você investiu.

Para mostrar isso preciso explicar a diferença entre **prefixados** (quando você já sabe o valor que vai receber de juros) e **pós-fixados** (quando o valor dos juros que você vai receber varia).

Prefixados

Imagine que você tem um amigo que tem uma loja de produtos esportivos. Ele está precisando comprar estoque para um grande evento esportivo, mas ele está sem capital para isso. Você, então, oferece um empréstimo de R$ 20 mil pelo prazo de 1 ano e combina um juro de 10%, ou seja, R$ 2 mil. Isso é um título prefixado. Você já combinou com o seu amigo quanto ele vai pagar de juros quando o prazo do empréstimo encerrar.

Outro exemplo:

Você investiu R$ 10 mil num título prefixado do governo que está pagando 10% de juros ao ano e vencimento em um ano. No momento do resgate, você receberá o total de R$ 11.000 (R$ 10 mil que investiu e R$ 1.000 de juros).

O mecanismo é o seguinte. Com os R$ 10 mil você compra títulos que estão sendo vendidos por R$ 91 e no final de um ano estes títulos serão recomprados de você por R$ 100.

Os títulos prefixados têm uma característica importante: **é possível perder dinheiro com eles**. Calma, não é bem assim, estou exagerando um pouco para chamar atenção, mas de fato um título prefixado pode perder valor ou também ganhar valor dependendo do que acontece com as taxas de juros. Usando o exemplo acima fica mais fácil de explicar. O título do governo está sendo negociado a R$ 91 e ele vai encerrar em um ano ao valor de R$ 100. Significa que ele está pagando juros de 10%. Então você compra esse título por R$ 91 para receber os R$ 100 em um ano.

Mas o que acontece com o preço do título se um mês depois da compra a taxa Selic subir para 15%? Já que tem outros produtos pagando juros mais altos, o preço do seu título vai ter que cair para se ajustar aos outros preços. Como o título vai encerrar ao valor de R$ 100 e a taxa de juros do mercado está em 15%, significa que o preço que ele estará sendo negociado será ao redor de R$ 87 (87+15%=100).

Você comprou por R$ 91 e agora o título está valendo R$ 87. Seu patrimônio neste título, momentaneamente, está menor. Se você quiser resgatar antes do vencimento, vai ter que vender agora o título neste valor mais baixo. Porém, no dia que o título vencer você receberá R$ 100 por ele. Lembre-se, é um título prefixado, você comprou por R$ 91 sabendo que depois de um ano ele seria recomprado por R$ 100. A oscilação negativa ocorre no curto prazo, mas no fim das contas o título encerra pelo valor esperado.

O oposto poderia acontecer também. Se, por exemplo, um mês depois da compra do título a Selic caísse para 5%, o valor do título passaria imediatamente para R$ 95, mas no final das contas encerraria pelos mesmos R$ 100.

Pós-Fixados

Vamos supor agora, usando o mesmo exemplo do seu amigo com a loja de produtos esportivos, que você tivesse combinado que, em vez de receber 10% como juros, você receberia a variação da Taxa Selic. Como você não sabe hoje quanto será a Selic dos próximos 12 meses, pois pode ser 5%, 10%, ou qualquer valor, isso se configuraria como um título pós-fixado.

Outro exemplo:

Você investiu R$ 10 mil num título pós-fixado com vencimento em um ano, que paga um juro atrelado à Selic. Se a Selic teve um desempenho de 10% ao ano, o juro que você recebeu sobre os R$ 10 mil que investiu durante todo o ano foi de R$ 1 mil (usei números arredondados para facilitar a conta).

Os títulos pós-fixados não têm o risco de oscilação de preço que os prefixados têm. Todo dia, o valor do pós-fixado sobe um pouquinho e por isso são os títulos ideais para investidores de perfil mais conservador (que não têm "estômago" para ver seus investimentos se desvalorizando) e são obrigatórios para quem tem objetivos de curto prazo. Se você quer investir sua grana, mas logo vai precisar usar ela, vá de pós-fixado.

Pré com Pós

Antigamente se chamavam "dois em um" os aparelhos que tocavam fita cassete e rádio. Pois então, existem produtos de renda fixa que têm essa característica, um mix de pré com pós e alguns chamam de **Híbridos**. São produtos que pagam uma variável pós-fixada, como o IPCA (índice de inflação) e uma variável prefixada, com uma taxa de juros de x%.

Por exemplo: um título ABC está pagando uma taxa de 7% ao ano mais o IPCA. Se o IPCA foi de 5%, e a taxa prefixada era de 7%, o ganho total foi 12%.

Entender as diferenças entre pré e pós é fundamental para você saber o melhor para seu perfil e objetivo de investimento, até porque a grande maioria dos produtos de renda fixa tem essas duas modalidades, então você será obrigado a escolher.

Vamos falar agora dos principais produtos de Renda Fixa: Títulos do Tesouro, CDBs, LCIs e LCAs, Debêntures e os Fundos de Investimento em Renda Fixa.

Títulos do Tesouro

Se popularizaram muito nos últimos anos. Com um investimento mínimo de R$ 30 acabou se tornando uma ótima alternativa à poupança, com segurança parecida e rendimentos melhores. Os títulos do tesouro são papéis da dívida pública federal. Quando você investe neles está emprestando dinheiro ao governo. Você recebe, ao final do prazo de vencimento estipulado, a quantia emprestada mais uma recompensa por ter emprestado seu dinheiro.

São investimentos com pouco risco, pois os títulos públicos são 100% garantidos pelo Tesouro Nacional (o Tesouro Nacional é o caixa do Governo). As principais vantagens dos títulos públicos são segurança, liquidez, baixo custo e facilidade de acesso.

Existem diversos tipos de títulos que formam uma bela sopa de letrinhas, como LTN, NTN e LFT, e cada título tem recompensas diferentes. Como antecipei, todos eles têm uma data de vencimento, que é quando o governo devolve o valor principal investido, mas você não precisa esperar até o vencimento se quiser resgatar antes. A qualquer momento você pode comprar ou vender títulos.

Tesouro Selic

O Tesouro Selic era oficialmente conhecido como Letra Financeira do Tesouro, mas, como sua remuneração é atrelada à Selic, recebeu esse nome novo para facilitar a vida de todos.

Por ser atrelado a uma taxa, o Tesouro Selic é um título pós-fixado e por isso é o mais tranquilão. Menor risco, você não sofre com as oscilações de preços e pode resgatar quando quiser. Acaba sendo uma boa escolha para quem quer uma opção parecida com a poupança, mas com retorno melhor.

Tesouro Prefixado

O Tesouro Prefixado (conhecido antigamente como Letra do Tesouro Nacional) é um título no qual a rentabilidade é fixada no momento da compra. Ou seja, você sabe exatamente o que vai receber no futuro! Se a taxa é 10% com encerramento em um ano, você investe R$ 10 mil e terá R$ 11 mil um ano depois.

Por ser prefixado, este título já tem um pouco mais de emoção, correndo o risco de oscilação negativa (ou mesmo positiva) de preços devido à variação nas taxas de juros, como expliquei há pouco. Se os juros subirem depois de você já ter comprado o seu título, o valor dele cai. Se os juros caírem, o valor dele sobe.

Tesouro Inflação

Era oficialmente conhecido como Nota do Tesouro Nacional (Série B), mas por ter parte da sua taxa composta pelo IPCA (Índice de Preços ao Consumidor Amplo) acabou adotando "inflação" ou "IPCA" no nome.

O IPCA é o índice de inflação oficial do governo brasileiro, calculado pelo IBGE (Instituto Brasileiro de Geografia e Estatística). É utilizado como referência para verificar se a meta estabelecida para a inflação está sendo cumprida.

Além do IPCA, este título é composto por uma taxa pré-determinada no momento da compra. Então é um título do governo que tem um fator pós-fixado, o IPCA, mais um fator prefixado.

Como no exemplo que citei anteriormente dos títulos pré com pós, se o título tem vencimento em um ano, com uma taxa pré de 7% e o IPCA foi de 5%, então o ganho final foi de 12%. É um bom produto para investir, pois já mostra o retorno real (retorno acima da inflação).

Resumo:

Os títulos do tesouro têm acesso com R$ 30 e liquidez diária, você pode vender a qualquer momento. Ganham ponto neste quesito os pós-fixados. Como eles não sofrem oscilações de preço, você terá seu dinheirinho certo para resgatar. Se você está começando e quer uma alternativa muito melhor à poupança, sem dúvida o Tesouro Selic é a melhor pedida.

CDB

O CDB (Certificado de Depósito Bancário) é, de forma rápida, um dinheiro que você empresta para o banco para que ele possa emprestar para alguém. Em troca disso, o banco te paga juros e cobra muito mais juros para quem ele emprestou.

Os juros que o banco te paga normalmente são atrelados ao CDI. Lembra da história do risco X retorno e do cobertor curto? Pois é. Bancos maiores vão pagar juros ao redor de 80% do CDI, bancos menores ao redor de 110% do CDI.

Existem CDBs com liquidez diária (pode resgatar a qualquer momento) e outros com prazo de carência. Você entra e só pode sair no final do período acordado. Se sair antes, paga um pênalti. Quanto maior o prazo, melhores as taxas de juros que te pagam, mas também maior a incerteza: "E se eu precisar desse dinheiro?". Os CDBs são protegidos pelo FGC.

LCI e LCA

São, respectivamente, Letra de Crédito Imobiliário e Letra de Crédito do Agronegócio. São emitidas por bancos e os recursos são destinados a financiar o setor imobiliário e agrícola. Vêm se popularizando muito ultimamente, principalmente sendo oferecidas por bancos médios e distribuídas por corretoras não ligadas aos grandes bancos.

São parecidas com os CDBs, com a garantia do FGC e tendo também a remuneração atrelada ao CDI (existem também as prefixadas ou atreladas ao IPCA). Mas têm a vantagem de serem isentas de imposto de renda. Normalmente os prazos de carência são maiores, com um mínimo de 90 dias, por isso é fundamental casar o prazo de uma LCI/LCA com a sua necessidade de usar o dinheiro.

Debêntures

São títulos de dívidas muito parecidos com CDBs, mas são de empresas que não são bancos. Por serem diretamente emitidos pelas empresas, possuem mais flexibilidade do que outros produtos de Renda Fixa, como LCAs e LCIs, mas não contam com a garantia do FGC, por isso é preciso cuidado na escolha.

Assim como outros produtos de renda fixa, são emitidas como prefixadas ou pós-fixadas e os prazos dos títulos são normalmente ao redor de 2 anos. As debêntures podem ser comuns ou incentivadas (emitidas por empresas que pretendem realizar projetos de infraestrutura, como estradas, portos e aeroportos). As incentivadas têm como vantagem a isenção de imposto de renda.

Fundos de Investimento

Um fundo de investimento não é diretamente um produto de renda fixa. Ele é um veículo que pode ser usado para investir em renda fixa. Mas como é uma das principais formas hoje utilizadas, entrou nessa categoria. O fundo tem sob gestão o valor depositado dos seus cotistas e compra os ativos mais interessantes seguindo a estratégia de investimento do fundo. O ponto forte dos fundos é que há um profissional cuidando dos investimentos. Esse cara é o gestor do fundo.

Há certa complexidade de escolha (o "cardápio" de fundos é quase infinito). Existem os fundos de curto prazo, como os Fundos DI com resgate imediato, e também os de longo prazo, com resgates mais demorados.

O valor mínimo de fundos bons é muitas vezes superior a R$ 5.000 e vale total atenção nas taxas. Muitas vezes são altas (2% a 3% ao ano não é incomum).

Ações

Existe todo um estigma em cima do investimento em ações. É comum ouvir que "é coisa de trader, é cassino". São afirmativas totalmente equivocadas. Investir em ações é investir em empresas. Como a economia se movimenta em ciclos sempre crescentes, investir em empresas vale muito a pena.

Uma ação é uma pequena fração de uma empresa. Assim, quando você compra uma ação, está comprando um pedacinho dessa empresa e, consequentemente, virando sócio dela.

Um exemplo prático: imagine que você tem um amigo que tem uma padaria. Ele está precisando de capital para ampliar e fazer uma reforma geral, pois isso trará mais clientes. Porém, a linha de financiamento está com juros altíssimos e ele não quer assumir essa dívida. Então ele propõe vender 10% da empresa a você por R$ 50 mil. Você se tornará sócio, participará da divisão semestral de lucros e, se tudo der certo, a padaria vai crescer e sua parte vai valorizar.

Pode ser um bom negócio para você, tendo em vista que o bairro onde a padaria está localizada não para de crescer e os pães do seu amigo são imbatíveis. E pode ser um bom negócio para o seu amigo, pois ele terá acesso a R$ 50 mil sem ter que pagar juros por isso.

Por isso o mercado de ações é excelente para a economia. Ele proporciona que, de um lado, os investidores possam ter boas possibilidades de investimento, e do outro, empresas tenham acesso a capital mais barato. Uma empresa bem administrada e com esse acesso a capital pode crescer, gerar empregos e retribuir o investidor com participação nos lucros e valorização do preço das ações. Para ter ações disponíveis a investidores, uma empresa precisa abrir seu capital em uma bolsa de valores. Como já mencionei, essa operação se chama OPA (Oferta Pública de Ações) em português ou IPO (Initial Public Offering) em inglês.

Nas bolsas existem empresas de vários setores, como o setor de energia, setor financeiro e setor de consumo. Alguns setores são diretamente conectados ao sobe e desce da economia, outros são menos conectados. Por exemplo, uma empresa do setor de construção tende a ver uma redução maior nos negócios em momentos de economia fraca, diferentemente de uma empresa do setor de saúde.

Além de setores diferentes, nas bolsas as empresas são também de tamanhos diferentes. As maiores, como Apple e Google nos EUA, ou Ambev no Brasil, são chamadas de Large Caps ou Blue Chips (fichas azuis). O termo surgiu nos EUA e vem dos cassinos, onde as fichas azuis são as mais valiosas.

As blue chips são empresas de grande porte, estabelecidas, com crescimento sólido, geração de receita e lucro. São as "ações de primeira linha", as mais procuradas e por isso as que são mais negociadas nas Bolsas. Uma empresa de grande porte em uma economia aquecida gera mais receita, mais empregos, distribui mais lucros e o preço das suas ações sobe.

As empresas menores também têm o seu espaço nas bolsas e são chamadas de Small Caps. Não existe um consenso que defina até que valor uma empresa é considerada small cap e quando ela sobe de "categoria". Alguns usam R$ 3 bilhões como valor máximo de mercado, enquanto outros usam R$ 5 bilhões como teto. Nos EUA, o teto varia entre U$ 500 milhões a U$ 2 bilhões.

O interessante sobre as small caps é que seu potencial de valorização é maior do que nas empresas grandonas. Por exemplo, vamos comparar o tamanho de duas redes de pizzarias.

Digamos que a primeira se chama Pizza Hot. Ela está em todos os cantos com mais de 15 mil pizzarias. É uma empresa que vale R$ 20 bilhões, está muito bem estabelecida e tem ótimo faturamento.

A segunda se chama Pizza Jump. Ela tem 10 pizzarias abertas em três capitais brasileiras. E está valendo hoje R$ 15 milhões. Não está tão bem estabelecida, mas as pizzas são sensacionais!

Se você compra ações de qualquer uma das duas, vai participar na distribuição de lucros delas e também na valorização das ações, mas aí vai a pergunta: qual delas tem um potencial de valorização maior? A empresa que vale R$ 20 bilhões ou a que vale R$ 15 milhões? A resposta é a Pizza Jump, a empresa de R$ 15 milhões. Para a Pizza Hot, que vale R$ 20 bilhões, dobrar de tamanho, ela teria que abrir outras 15 mil pizzarias. Enquanto que para a Pizza Jump, que vale R$ 15 milhões, dobrar de tamanho, ela teria que abrir outras 10 pizzarias.

Mais fácil abrir 10 pizzarias do que 15 mil, né? Claro que uma grande empresa tem toda a segurança de já estar estabelecida, enquanto uma empresa menor tem diversos desafios pela frente, mas em uma economia aquecida, empresas pequenas e com bom potencial tendem a ter uma performance melhor justamente pelo fato de serem pequenas. Em contrapartida, em momentos piores de mercado, as empresas menores tendem a sofrer mais.

Além de setor e tamanho, outra boa forma de olhar ações para investir é ver se elas pagam bons lucros aos seus investidores. Esse lucro distribuído se chama dividendo e existem empresas que pagam mais dividendos que outras. Sempre que uma empresa tem lucro, ela reserva parte dele para distribuir aos sócios. No Brasil, as empresas são obrigadas a um pagamento mínimo de dividendos de 25% do lucro.

Existem empresas que pagam dividendos regularmente, e elas normalmente sofrem menos em momentos de queda da bolsa. Por isso, investir em empresas boas pagadoras não só traz um fluxo positivo de caixa através dos dividendos, mas também diminui a volatilidade de um portfólio de ações.

Comentário: uma forma de analisar se o dividendo de uma empresa é interessante é calculando o dividend yield dela. Fica tranquilo, só o nome é chique, a conta é bem simples. Basta dividir o dividendo que a empresa paga ao ano pelo preço de ação. Se a empresa paga R$ 1 de dividendo por ação ao ano e o preço de ação é R$ 10, então R$ 1 dividido por R$ 10 = 10% ao ano de dividend yield. Com essa informação você já pode fazer uma comparação inicial, por exemplo, com quanto de juros está pagando um Título do Tesouro. Porém, essa é uma análise muito simplista, pois um dividend yield alto pode esconder fatores, como o preço da ação estar muito desvalorizado. Então, na hora de compor uma carteira de ações boas pagadoras de dividendos, novamente é importante diversificar.

Setores diferentes, tamanhos diferentes, distribuem lucros diferentes. Tudo muito legal, mas estou perdido. O que faço para investir bem em ações sem ter que virar um ninja dos investimentos e gastar horas e horas da minha vida nisso?

Não se preocupe. Existem caminhos bem fáceis e vou chegar neles. Mas, antes disso, duas coisas são fundamentais para que você invista bem em ações: **diversificação** e **estômago**.

Começando pela diversificação. Sim, são várias empresas diferentes e de setores diferentes e o segredo para investir bem é distribuir os investimentos nas proporções certas em diversas empresas. Você pode fazer isso de três formas:

a) Comprando diretamente as ações

Através de uma corretora você pode comprar diretamente as ações das empresas que quiser. Isso te dá poder e liberdade de escolha. Porém vai demandar tempo na seleção, execução e rebalanceamento (conforme as ações oscilam de preços o peso delas vai variar na sua carteira e daí para manter a proporção ideal você terá que constantemente comprar um pouco de umas e vender um pouco de outras).

Além desse operacional todo que fica nas suas mãos, você vai ter que bancar os custos de corretagem. Toda vez que você compra ou vende uma ação através de uma corretora, você paga a corretagem e ela pode ser fixa, por exemplo R$ 10 em cada ordem enviada, ou variável, como 0.5% sobre o montante financeiro transacionado.

Lembre-se, uma ação é uma partezinha da empresa. Para você comprar uma ação da Ambev e virar sócio dela, precisa abrir conta em uma corretora, mandar dinheiro para sua conta e daí inserir essa ordem de compra no sistema de negociação da corretora, que é chamado home broker.

Cada ação tem um código na bolsa. Por exemplo, as ações da Ambev têm o código ABEV3 na bolsa brasileira. As ações do Facebook têm o código FB na bolsa americana. Você entra no home broker, coloca o código da Ambev e vê por quanto a ação está sendo vendida. Digamos que esteja a R$ 10 e você tem R$ 10.000 em conta, então poderá inserir uma ordem para comprar mil ações da Ambev (mais custos de corretagem e despesas da bolsa).

b) Comprando um ETF (Exchange Traded Fund)

Você pode comprar um ETF diretamente em uma corretora da mesma forma que compra a ação de uma empresa. A diferença é que, se compra uma ação, está comprando uma ação, se compra um ETF está comprando dezenas ou centenas de ações em uma tacada só. Além da vantagem da diversificação rápida e fácil, o custo também é muito menor, pois se você tivesse que montar uma carteira com dezenas ou centenas de ações, pagaria fortunas em corretagem para as corretoras.

No Brasil existem duas principais empresas que administram ETFs, a BlackRock e o Itaú. Para diversificar nas maiores empresas brasileiras existem alguns ETFs interessantes, como o BOVA11 e o PIBB11.

O PIBB11, por exemplo, é administrado pelo Itaú e a sua estratégia é investir nas 50 empresas de maior negociabilidade e representatividade do mercado de ações brasileiro. Entre elas: Ambev, Banco do Brasil, Bradesco, Itaú e BR Malls. Já o BOVA11, administrado pela BlackRock, busca replicar o Ibovespa (principal índice do mercado brasileiro).

Parênteses para explicar o que são índices. Quando o William Bonner fala no Jornal Nacional que a bolsa subiu ou desceu, ele sempre cita o Ibovespa, que é o índice calculado a partir do retorno de uma cesta composta pelas principais empresas negociadas na bolsa.

Então o Bonner não fala sobre a bolsa toda, fala sobre as principais empresas. Nos EUA os índices mais famosos são o Dow Jones (das 30 maiores empresas dos EUA), o S&P500 (das quinhentas empresas mais relevantes nos EUA) e o Nasdaq (que pega um apanhado das principais empresas de tecnologia).

Além dos ETFs das grandes empresas, existem os ETFs para empresas menores, como o SMAL11, e também para empresas que pagam bons dividendos, como o DIVO11.

Viu que legal? Uma grande diversificação que pode ser encontrada de forma fácil.

c) Investir através de fundos de investimento em ações

Existem no Brasil diversos fundos de investimento, principalmente de gestoras independentes, que são muito bons e que têm preços justos. Em um fundo de investimentos, uma equipe de gestão profissional tem a missão de encontrar as melhores empresas para investir. Essa equipe tem uma estratégia definida e fica conectada o tempo todo ao mercado para executar essa estratégia com a melhor eficiência.

Então a principal vantagem é que ao investir através de um fundo de investimentos você conta com uma equipe profissional que faz o trabalho todo para você. Para que isso aconteça, como já mencionei, essa equipe cobra uma taxa de administração. É comum encontrar fundos de ações com taxas de administração superiores a 2% e alguns também cobram uma taxa de performance, que é normalmente de 20%.

Aqui peço desculpas para comentar. Na Warren você tem acesso a fundos de investimento em ações brasileiras e também em ações americanas, geridos por uma equipe profissional e com taxa de administração ZERO!

Falando em ações americanas, vamos a elas. O mercado financeiro brasileiro representa apenas 1% do mercado mundial, por isso, para ter um portfólio de ações eficiente e diversificado, é importante romper fronteiras, e nos Estados Unidos estão as maiores empresas do mundo.

O nosso dia a dia é cercado de empresas americanas. Se você está lendo este livro na versão digital, as maiores fabricantes do mundo do computador, notebook, celular ou tablet que você está usando são de lá: Apple, Dell e HP. Ok, você pode até estar com um Samsung em mãos, mas lembre que o software que ele usa é do Google, então você não conseguiu "escapar". Se você está lendo na versão impressa, saiba que eu escrevi o livro usando um Mac, então você não conseguiu escapar novamente!

Uma consultoria recente realizada pela Ernst & Young levantou que a lista das 10 maiores empresas do mundo é preenchida 100% por empresas americanas, sendo elas a Alphabet (empresa que controla o Google), Apple, Microsoft, Berkshire Hathaway, Texas Exxon Mobil, Amazon, Facebook, General Eletric, Johnson & Johnson e Wells Fargo.

Como elas são empresas gigantes e tão importantes na vida de milhões ou bilhões de pessoas ao redor do mundo, se você quer investir em ações, você precisa ser sócio delas! Como? De forma bem parecida como mencionei anteriormente para investir em ações brasileiras:

—— Você pode fazer isso através de uma corretora. Mas neste caso vai precisar abrir conta em uma corretora nos Estados Unidos e o processo pode ser bem complicadinho.

—— Pode investir também via ETFs, e existem dois interessantes, o IVVB11 e o SPXI11. Porém no Brasil somente investidores classificados como "super qualificados" (patrimônio de mais de R$ 1 milhão) podem investir nesses ETFs.

—— Ou pode investir através de Fundos de Investimento que invistam em ações americanas. Já citei que na Warren você tem isso, mas existem outras gestoras especializadas que também têm.

Chega de falar em diversificação, vamos à segunda palavra que eu mencionei ser importante para investir em ações: **estômago.**

A performance do investimento em ações é excepcional no longo prazo, mas investir em ações não é para os fracos, pois o curto prazo pode ter muita oscilação. A economia se movimenta em ciclos de alta e baixa. Momentos de euforia, nos quais os preços das ações sobem demais, e momentos de pânico, quando existe uma queda generalizada, mas no longo prazo esse "ruído" fica pra trás. É o que mostra o gráfico a seguir.

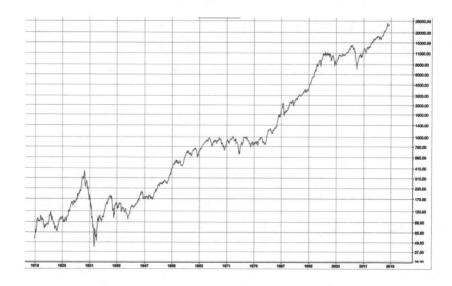

Este é o gráfico dos últimos 100 anos do Dow Jones, o mais tradicional índice do mercado americano. Note que neste período o mundo passou por duas guerras mundiais e diversos outros eventos importantes, como a crise de 1929 e, mais recentemente, em 2008, a crise das hipotecas. Mesmo com tanta turbulência, o gráfico seguiu e sempre seguirá sua escalada de alta. Estamos em constante evolução e a economia reflete isso.

Portanto, para investir em ações você precisa pensar no longo prazo (mais de 5 anos), pois precisa tempo para que qualquer ruído fique para trás. Quando você estiver investindo em ações e elas caírem, e vão cair, mantenha a calma. Respire fundo e siga o seu plano de longo prazo.

Não será erro no livro. Vou dar um CtrlC e CtrlV para repetir o parágrafo anterior:

Portanto, para investir em ações você precisa pensar no longo prazo (mais de 5 anos), pois precisa tempo para que qualquer ruído fique para trás. Quando você estiver investindo em ações e elas caírem, e vão cair, mantenha a calma. Respire fundo e siga o seu plano de longo prazo.

Eu repeti o parágrafo, pois a grande maioria das pessoas investe de forma errada em ações. Até começa a investir com boa intenção, pensando no longo prazo, iniciando em uma linda segunda-feira, mas daí quando as ações caem na terça-feira, resgatam tudo. O plano de 10 anos que acaba em um dia.

O certo é focar no longo prazo e investir mensalmente. Com isso, quando os momentos de queda surgirem, você vai até comemorar, pois estará comprando ações mais baratas e fazendo o tal preço médio que já citei no capítulo 10. Sim, se você investe em ações pensando no longo prazo o certo é comemorar quando elas caem para você poder comprar mais e não fazer o oposto e sair vendendo. É melhor entrar em uma loja quando os preços estão mais baratos ou estão mais caros? É lógico que é melhor quando estão mais baratos. Essa lógica serve também para as ações.

Quando a bolsa cair, aproveite e invista mais, assim vai comprar mais ações com o mesmo dinheiro que investiria. Já dizia Warren Buffett (o maior investidor de todos os tempos): "compre ao som dos canhões". Ou seja, invista em ações quando está todo mundo em pânico, com medo, vendendo.

Não é fácil lidar com os altos e baixos das ações. Em alguns momentos você estará feliz da vida vendo seu patrimônio subir sem parar, em outros momentos estará suando frio ao ver seu patrimônio descer dia a dia. É preciso ter "estômago", e não pense que você nunca terá ou que isso não é pra você.

Basta conseguir passar pela primeira turbulência e depois tudo será mais fácil. Invista, se as ações não pararem de subir, contenha a euforia e diga para você mesmo que uma hora vai cair e siga investindo (pagando mais caro a cada vez que investe). Invista, se as ações não pararem de cair, contenha o pânico e diga para você mesmo que uma hora vai subir e siga investindo (pagando mais barato a cada vez que investe).

Para construir um bom patrimônio no longo prazo é importante ter parte dos investimentos em renda variável. Então você precisa conseguir ter esse "estômago". Aguente a primeira turbulência e depois será bem mais fácil.

Saiba que, enquanto os fracos de estômago estão vendendo suas ações na baixa, os fortes estão comprando elas mais barato e por isso serão eles que vão no futuro ter um patrimônio maior.

Para construir um bom patrimônio no longo prazo é importante ter parte dos investimentos em renda variável. Então você precisa conseguir ter esse 'estômago'. Aguente a primeira turbulência e depois será bem mais fácil.

16.

Os cinco passos práticos para investir bem

O que traz mais segurança é renda fixa, já o que traz mais retorno são ações. Como então definir se você precisa 100% de renda fixa ou 100% de ações?

Escolher bons produtos e colocá-los na medida certa é a diferença entre um portfólio bem balanceado e um sem sal ou apimentado demais. Para saber a medida certa, você tem que cruzar o seu perfil com o prazo do objetivo. É errado construir um portfólio baseado apenas no seu perfil de risco.

Se o objetivo é de longo prazo, mesmo uma pessoa conservadora precisa ter um portfólio com uma pitada de risco (ações). Isso trará mais performance no longo prazo. Da mesma forma que, se o objetivo é de curto prazo, mesmo o mais maluco, kamikaze, arrojado, precisa ter uma pizza composta 100% por produtos de renda fixa.

A definição do seu perfil e o cruzamento com o prazo do seu objetivo definem os pesos certos entre renda fixa e ações, mas é preciso também definir os produtos certos.

A decisão não acaba na escolha do percentual de renda fixa e ações. Dentro de cada ativo, as distribuições podem também ser distintas. Por exemplo, um portfólio de prazo mais curto precisa carregar mais produtos pós-fixados de renda fixa, enquanto um portfólio de prazo mais longo pode carregar mais prefixados.

Por fim, é importante também que os produtos selecionados para o portfólio sejam bons. E aí a análise é baseada em rentabilidade, segurança, volatilidade, liquidez, eficiência e preço.

Um portfólio para resgate imediato precisa ser 100% alocado em produtos pós-fixados de renda fixa, como o Tesouro Selic ou CDB. Um portfólio para um objetivo de mais de 5 anos e uma pessoa de perfil arrojado pode ter 70% em renda fixa, distribuída em títulos pós e prefixados e de vencimentos diferentes. E 30% em ações divididas entre empresas de setores e tamanhos distintos do Brasil e EUA.

Eu sei que tudo pode ter ficado confuso agora, mas vou criar dois personagens para tornar as coisas mais práticas e depois vamos fazer juntos **os cinco passos práticos para você começar a investir bem**.

A Fernanda é minha primeira personagem. Ela tem 36 anos, é arquiteta, casada e tem um filho de 2 anos. Mora em São Paulo em um apartamento alugado de 3 quartos. A soma da renda dela com a do marido, que é desenvolvedor de sistemas, dá R$ 18 mil, já descontados impostos. Eles têm R$ 125 mil investidos na poupança e um CDB ruim que paga 80% do CDI. Têm também um saldo de R$ 10 mil em um plano de previdência que começaram há pouco tempo e é cheio de taxas. Mas conseguem economizar R$ 3 mil todo mês. A Fernanda quer investir melhor, toparia correr um pouco de risco em prol de mais retorno, mas não sabe por onde começar.

Minha sugestão para Fernanda e família seria:

a) Pegar R$ 50 mil dos R$ 125 mil que eles já têm e investir em um Objetivo para resgate rápido. Chamaria o Objetivo de "Porquinho de Emergência". A alocação toda seria em renda fixa, via um fundo de investimentos com possibilidade de resgate imediato, que investisse em títulos do tesouro, com taxa de administração abaixo de 0.7% e com performance ao redor de 100% do CDI.

b) O plano de aposentadoria seria atingir R$ 3 milhões quando a Fernanda chegasse aos 65 anos. Seriam 29 anos pra chegar lá no Objetivo que eu chamaria de "Vinho branco e pernas pro ar". Com R$ 3 milhões e um retorno real ao ano de 4% ela e o marido teriam uma renda mensal de R$ 10 mil. Sim, menor do que os atuais R$ 18 mil, mas com 65 anos os gastos diminuem. Já não gastam mais com o filho, não precisam mais um apartamento de 3 quartos em São Paulo, um carro só resolve e não precisam mais economizar os R$ 3 mil por mês.

Para chegar nesse montante, o investimento inicial seriam os R$ 75 mil que sobraram e o investimento mensal seria de R$ 2.600. Onde investir? Um mix de renda fixa com ações. Só bons produtos, chega de poupança e CDB ruim. A alocação seria de 80% em renda fixa, distribuída principalmente em CDBs de bancos menores e com vencimento longo e 20% em ações, através de fundos de investimento em empresas brasileiras, americanas e fundos de arbitragem.

É uma sugestão de alocação para um perfil moderado e portfólio de longo prazo. A missão seria buscar 6% de retorno médio ao ano acima da inflação.

Sobre o plano de previdência, a primeira atitude seria fazer a portabilidade para outro plano melhor (fora do banco) e ele poderia se tornar parte da estratégia para chegar nos R$ 3 milhões, usando o limite de dedução de imposto que proporciona.

c) Sobrou uma fatia de R$ 450 dos R$ 3 mil mensais que o casal consegue economizar, e essa grana iria direto para o Objetivo chamado "Ajudinha para o rei da casa", para o filho que está com 2 anos. Como é um objetivo de longo prazo e é um colchão para dar um suporte ao filho quando ele estiver com 18 anos, o portfólio pode ser bem arrojado e sem necessidade de resgate rápido. A alocação seria 65% em renda fixa, distribuída principalmente em CDBs de bancos menores e com vencimento longo e 35% em ações através de fundos de investimento em empresas brasileiras, americanas e fundos de arbitragem.

Meu segundo personagem é o Rodrigo. Ele tem 23 anos, mora com os pais (que por enquanto não planejam expulsá-lo), estuda administração e trabalha em uma empresa de logística. O salário dele é R$ 3.000 e ele consegue economizar quase R$ 1.300 por mês. Milagre? Não. Lembra que ele mora com os pais, então o custo de moradia é zero. Ele só anda de bike e leva comida pro trabalho. Aliás, o motivo pelo qual os pais ainda deixam o Rodrigo morar em casa com eles é que o Rodrigo é um excelente cozinheiro e assumiu essa função na casa. Então os gastos dele se resumem a mensalidade da faculdade e eventuais saídas com os amigos.

O sonho do Rodrigo é ter o negócio próprio. Ele ama pizza (quem não ama) e ama também tecnologia. O projeto dele é de uma pizzaria on-line, que entrega pizzas clássicas sensacionais em porções individuais, pedidas de forma fácil pelo App de celular.

Pizza tradicional, 4 sabores, sem complicação, poucos e bons ingredientes. Ele detesta a mistura de borda de catupiry, com recheio de frango, cogumelos, bacon, ovo de albatroz, pimentão, presunto, um pouco de terra e aquele molho "especial" com 2 mil ingredientes. Pra ele pizza de verdade é simples, bem-feita e por isso fantástica, e seus ídolos são os chefs que aparecem nos documentários do Netflix e defendem justamente essa ideia.

Uma das features do App é a possibilidade de programar a entrega da pizza. Ele sabe que a vida das pessoas é corrida, então sua proposta é que a pessoa possa agendar a entrega da pizza no horário que deseja. Chegou em casa às 20h após um dia de trabalho e já é recebido por uma pizza quentinha, com a entrega programada.

Para simbolizar tecnologia com sabor, o nome não poderia ser outro: **pizzafoda.com**

Pelo planejamento que o Rodrigo fez, para abrir a pizzafoda.com em uma versão de testes para um bairro, ele precisaria de R$ 30 mil. O dinheiro seria utilizado para alugar um local, equipamentos, construção de website, capital de giro e marketing.

O que ele tem até agora?
—— O domínio pizzafoda.com ele já comprou e um website básico já existe
—— R$ 7 mil que ele já conseguiu economizar e estão no banco investidos na poupança.

Estão faltando R$ 23 mil e ele não quer demorar demais para tornar o sonho realidade.

Minha sugestão para o Rodrigo seria:

a) Pegar R$ 7 mil que já tem, mais os R$ 1,3 mil que consegue economizar por mês, mais R$ 700 fazendo freelas (como ajudante em festas de casamento, por exemplo) e investir tudo isso em um portfólio de renda fixa com retorno acima da inflação de 4% ao ano. Com isso, em 12 meses, ele vai ter mais do que os R$ 30 mil que precisa. Vai abrir o pizzafoda.com, que vai no futuro desbancar a Pizza Hut e eu serei um dos clientes.

b) Se olhar no detalhe, o efeito do retorno dos investimentos não foi peça importante para atingir o objetivo. O importante foi o esforço mensal de conseguir guardar o valor. É a tal "disciplina" que mencionei no livro e que é fundamental para você atingir os seus objetivos.

Estas são apenas sugestões iniciais para os personagens que criei, vamos agora ver cinco passos práticos para você investir bem, supondo que, como os personagens acima, você já tenha um valor investido.

1. Livre-se das tranqueiras

Onde você tem dinheiro investido hoje?

—— É na poupança? Se sim, cai fora. Peça o resgate.

—— Título de capitalização? Cai fora. Só preste atenção para o vencimento do título. Em alguns casos se você resgata antes do vencimento paga multas ou perde toda a rentabilidade. Se faltar pouco tempo para vencer vale a pena segurar essa desgraça por mais alguns dias. Depois disso, por favor, nunca mais compre um título de capitalização.

—— CDB? Pergunte para o gerente ou assessor quanto o CDB paga do CDI (normalmente os CDBs oferecidos são pós-fixados atrelados ao CDI). Se a resposta for menor do que 100%, cai fora!

—— Fundo de investimentos? Pergunte para quem te vendeu quais são as taxas que você paga no fundo. Se for um fundo de renda fixa, pagar mais do que 1% é um roubo. Cai fora! Se for fundo de renda variável ou multimercado, daí até podem existir alguns casos raros onde vale a pena pagar mais. Se ficar na dúvida ou precisar de qualquer ajuda, é só escrever para ajuda@warrenbrasil.com

Bom, agora você já se livrou de todas as porcarias e tem caminho livre para começar a investir bem.

2. Abra conta em uma corretora

Se você ainda não tem conta em uma corretora, abra. A corretora é o lugar onde você tem acesso a bons produtos de investimentos.

Claro que vou indicar que você abra conta na corretora da Warren, o processo é todo digital, em até 24 horas sua conta está aberta e sem custo algum, mas existem também outras diversas boas corretoras por aí.

3. Crie seus objetivos

Lembre da importância de organizar sua vida de investimentos em caixinhas (objetivos). Sendo que os dois mais importantes são o objetivo de curto prazo (reserva de emergência) e o de longo prazo (aposentadoria).

O de longo prazo é aquele para agradar seu eu futuro. Juntar um patrimônio que vai permitir você levar uma vida tranquila e confortável quando chegar a hora de diminuir o ritmo de trabalho.

O de curto prazo é para despesas imediatas. Emergências, oportunidades ou necessidades que surgem, para as quais você precisa de uma grana ao seu alcance rapidamente.

Quer fazer um mochilão com os amigos pela Europa, quer abrir um café em São Paulo, quer pagar o casório? São todos objetivos e que serão mais fáceis de serem alcançados justamente por estarem organizados em objetivos.

Crie seus objetivos, seja através de uma plataforma de investimentos ou uma planilha de Excel. Vai trazer mais disciplina aos seus investimentos.

4. Selecione os melhores produtos para cada objetivo

Se o objetivo é a reserva de emergência ou qualquer objetivo de curto prazo e que demande resgate rápido, você precisa investir em produtos de renda fixa pós-fixados. Pode ser o Tesouro Selic (LFT), um Fundo de Renda Fixa Simples, ou um CDB pós-fixado.

Se o objetivo é de longo prazo, como o seu plano de aposentadoria, você tem que diversificar entre renda fixa (nos produtos já mencionados acima e outros produtos prefixados e de crédito privado) e renda variável. A renda variável vai trazer performance no longo prazo. O segredo é diversificar em empresas dentro do Brasil através de ETFs ou Fundos de Investimento em Ações e também diversificar fora do Brasil, tendo posição em empresas americanas.

5. Invista mensalmente

Invista, faça chuva ou faça sol.

Consiga fazer sobrar pelo menos 10% da sua renda mensal e invista.

"Ah… mas a bolsa está caindo!". Invista.

"Ah… mas fulano me disse que o melhor é comprar ações da empresa XYZ, ou de uma oferta ABC de criptomoedas". Esqueça a dica do fulano e invista no seu portfólio diversificado.

Você não vai se arrepender. Vai aproveitar todas as "fases" dos mercados a seu favor. Como já mencionei, será um tijolinho sendo colocado de cada vez e no início pode ser chato, mas depois você vai ver que construiu um castelo gigante. E daí me convide para a festa de inauguração ;)

17.

Pare de perder tempo

Você sabe a diferença entre ganhar dinheiro e acumular riqueza?

Conheço pessoas que ganham R$ 50 mil por mês e possuem menos riqueza do que outros amigos que ganham R$ 4 mil por mês. Isso acontece porque ganhar dinheiro a maioria das pessoas consegue; ganhar muito dinheiro algumas pessoas conseguem; mas acumular riqueza, aí sim, é só para as pessoas que realmente se dedicam a isso. Não é difícil, mas exige uma habilidade especial – que todos podem ter, basta praticar – chamada disciplina.

Alguns ganham muito dinheiro todo mês, mas gastam muito dinheiro todo mês. Além disso, esquecem que um dia sua capacidade produtiva irá acabar e terão que depender da aposentadoria do INSS. Estas atitudes não geram riqueza, geram uma aposentadoria comprometida e, quem sabe, alguns sonhos não realizados. É uma visão curta, de quem só pensa no presente e esquece do futuro.

Disciplina e planejamento

Para acumular riqueza de forma inteligente, além de disciplina, ou seja, estar disposto de forma regular, todo mês, a abrir mão de um prazer ou de um consumo momentâneo, para garantir um futuro tranquilo, é necessário também planejamento.

Meu GPS

Preciso definir onde quero chegar. É como o GPS do carro, se quero ir a algum lugar, preciso definir que lugar é este e ter um plano. Se quero me aposentar dentro de 30 anos com R$10 mil por mês, este é um objetivo. Saber como chegar lá é o planejamento. Quanto preciso guardar todo mês?

Saber investir

E por fim, de nada adianta eu ter disciplina, ser um verdadeiro pão-duro e guardar dinheiro todo mês, saber onde quero chegar, ter um plano, se no final não sei investir corretamente meu dinheiro. É neste momento que as pessoas cometem os maiores erros, que vão desde comprar títulos de capitalização, colocar na poupança até investir nos fundos do banco com taxas exorbitantes. Para investir corretamente é simples, basta dedicar um tempo a aprender e comparar. Você se esforça tanto para conseguir guardar dinheiro e na hora de investir colocará em qualquer lugar sem saber que preço irão lhe cobrar?

"Ah… mas eu não tenho tempo…" Lembra do exemplo que dei sobre quanto tempo de vida você gasta para consumir alguma coisa? Usando a mesma dinâmica ao investir mal, você perde uma possibilidade de obter retornos melhores. Perdendo isso você então está perdendo tempo.

Um exemplo:

Se você investisse na poupança R$ 30 mil iniciais e R$ 600 mensais por 30 anos, com um retorno de 4.5% ao ano, você teria R$ 420 mil no final. Se fizesse o mesmo em um portfólio balanceado com títulos do tesouro, outros produtos de renda fixa e parte em ações, com retorno médio de 9% ano, você teria R$ 810 mil no final (já excluindo 15% de imposto).

Uma diferença de quase R$ 400 mil que, usando o mesmo exemplo de salário de R$ 5 mil e supondo 180 horas mensais de trabalho, significam 82 MESES ou quase 7 ANOS! Por ter investido mal, você teria perdido SETE anos! Você acaba perdendo mais tempo ao dizer que não tem tempo para investir bem.

Portanto, pare de perder tempo cuidando mal do seu dinheiro. Tome atitude agora. Não deixe este livro em um canto sem tomar atitude, pois se você o fizer, provavelmente em um ano vai encontrar este livro jogado e pensar "pôôô... se eu tivesse começado a investir bem, agora estaria um ano à frente".

Jeff Bezos tem um conceito que se chama *regret minimization framework*, que é uma estratégia para evitar lamentações futuras. Ajudou ele na decisão de largar um bom emprego em Wall Street para fundar a Amazon, e pode ser útil para suas tomadas de decisão.

É bem simples. Projete sua vida para quando estiver com 80 anos de idade e pergunte ao seu eu de 80 anos se ele (você) se arrepende de não ter começado agora o negócio que achava que poderia ser um grande negócio.

Nosso presente é o resultado de todas as decisões que tomamos no passado. Todos os caminhos que escolhemos, os sim, os não, os não tive tempo, o que fizemos e o que não fizemos. Nosso futuro será o resultado de todas as decisões e ações que tomarmos pela frente e isso, obviamente, inclui as decisões financeiras.

Se você quer um futuro feliz, dê bons próximos passos. Crie seu plano e comece a executar. Para facilitar os próximos passos, fiz um resumo com dez dos principais tópicos de que falei no livro.

1. Gaste menos do que você ganha

Antes de investir é preciso fazer sobrar dinheiro para investir. Por isso a primeira etapa do bom investidor é conseguir fazer as contas fecharem. Ter equilíbrio nas contas é chave para ter liberdade financeira e equilíbrio na vida. Mas vá com calma. Não saia construindo uma planilha superninja e anotando cada centavo, pois se fizer isso existe grande chance de encher o saco e chutar tudo pra cima depois do primeiro mês. Comece comparando receita com despesa. Descubra os lugares onde você pode mudar hábitos e economizar. Uma folha com seu controle financeiro colada na geladeira e um papo quinzenal em família serão sensacionais.

2. Seu dinheiro veio do seu tempo

Tenha cuidado em como você gasta seu dinheiro, pois ele é fruto do tempo que você gastou para conquistá-lo. Gastar mal significa tocar fora tempo de vida. Entendendo de onde seu dinheiro vem você terá mais clareza sobre seus gastos.

3. Separe uma grana mensal para investir

Para construir um bom patrimônio para o futuro, você precisa reservar mensalmente pelo menos 10% do seu salário. Isso deve entrar como linha de despesa na sua vida financeira e não a sobra da sobra. Recebeu seu salário, invista antes mesmo de pagar o aluguel pelo menos 10% dele para o seu futuro.

4. Faça o dinheiro trabalhar para você

Pare de correr atrás do dinheiro e monte o plano para o dinheiro trabalhar para você. Pra isso, não gaste com passivos, com sugadores de dinheiro, invista seu dinheiro em ativos, em multiplicadores de dinheiro. Eles vão trabalhar para você como um exército e vão gerar retornos em cima de retornos.

5. Livre-se dos investimentos ruins

Títulos de capitalização, fundos de investimento com taxas exorbitantes, poupança, previdência privada cheia de taxas. O mundo de investimentos está repleto de produtos ruins, com taxas absurdas e com muitos bancos e corretoras que estão alinhadas com eles e não com você. Então desconfie das ofertas e leia as letras miúdas.

6. Construa seus objetivos de investimento

Construir objetivos é a forma mais inteligente de investir. Para cada objetivo você precisa um portfólio diferente. Além disso, ter objetivos vai facilitar sua vida financeira e te ajudar a ter mais disciplina. Os dois principais objetivos são a reserva de emergência e a aposentadoria. Use o simulador da Warren (warrenbrasil.com) para lhe dar as coordenadas de quanto investir inicialmente e mensalmente ou baixe as planilhas no papodegrana.com.

7. Bons investimentos são chatos

Não caia nas ofertas milagrosas de enriquecimento rápido. Isso simplesmente não existe. Bons investimentos são chatos, vão trazer bons resultados no longo prazo. Você vai construir seu castelo tijolinho por tijolinho.

8. Diversifique

O velho "não coloque todos os ovos na mesma cesta". Diversifique no seu portfólio em geral. Diversifique nos produtos de renda fixa. Diversifique nos produtos de ações.

9. Não venda nas quedas

Quando você investe para o longo prazo, mesmo sendo uma pessoa conservadora, precisa ter ações no portfólio. Elas trarão mais performance, mas você não pode ficar apavorado quando elas caem. O mercado é assim mesmo. Se movimenta em ciclos de baixa e alta, mas a tendência de longo prazo é positiva.

10. Disciplina

Siga a estratégia de investir mensalmente. Siga a estratégia de gastar com consciência. Não é fácil manter essa disciplina, mas é ela que vai fazer você alcançar todos os objetivos financeiros que quiser.

COMPRE UM LIVRO doe um livro

Nosso propósito é transformar a vida das pessoas por meio de histórias. Em 2015, nós criamos o programa compre 1 doe 1. Cada vez que você compra um livro na loja virtual da Belas Letras, você está ajudando a mudar o Brasil, doando um outro livro por meio da sua compra. Queremos que até 2020 esses livros cheguem a todos os 5.570 municípios brasileiros.

**Conheça o projeto e se junte a essa causa:
www.belasletras.com.br**

Este livro foi composto em source sans pro e impresso em papel pólen 80 g pela gráfica Copiart em outubro de 2018.